집중력과 창의력이 쑥쑥 자라는 놀이 교육

아이와 함께
사각사각 종이접기

심은정 지음

동물, 곤충, 소품, 장난감 등 **123가지** 수록
우리 아이를 위한 **진짜 쉬운 종이접기** 책!

[프롤로그]

저는 손재주가 좋거나 꼼꼼한 편이 아니었고
학창시절에는 체육시간 만큼이나 미술시간을 싫어했어요.
하지만 아기자기하고 귀여운 것을 좋아했기 때문에
예쁘고 귀여운 것을 만들고 완성한다는 즐거움으로
지금처럼 무언가를 만드는 일을 오랫동안 할 수 있었던 것 같아요.

오랜 시간 동안 가위질을 한 손은 울퉁불퉁하고 굳은살도 생겨서
원래도 못생긴 손이 더 못난 손이 되어 버렸죠.
하지만 종이접기를 하는 시간만큼은 일하는 시간이 아닌
힐링하는 시간으로 바뀌게 되었습니다.

종이접기는 가위나 풀이 없어도 종이 한 장으로 작품을 완성할 수 있고,
손재주가 없는 사람이라도 정해진 순서와 방법대로만 접으면 돼요.
여기에 여러 재료를 더하거나, 조금만 상상력을 발휘한다면
세상에 하나뿐인 나만의 종이접기 작품을 만들 수 있답니다.

어떤 색상의 종이로 접을까 고민하며 색채 감각이 자라고,
무엇을 만들까 머릿속으로 그려보며 상상력이 자라고,
사그락거리는 소리에 집중하여 종이를 접으며 집중력과 안정감이 생기고,
어떻게 꾸미고 어디에 활용해볼까 고민하며 창의력이 자라고,
어려운 부분이 있어도 끝까지 접어 완성해내며 인내심이 생기고,
과정을 되새기고 반복적으로 접으며 기억력이 향상되고,
완성한 작품을 보며 성취감을 느끼는 모든 과정들이
종이접기가 나에게 주는 선물보따리 같은 시간이에요.

종이접기는 상상하고, 기억하고, 손으로 색종이를 만지면서
좌뇌와 우뇌 발달에 도움을 주기 때문에
어린 아이들뿐만 아니라 할머니, 할아버지의 치매 예방에도 좋답니다.
이렇게 가족 모두가 함께 즐길 수 있어서 종이접기에 더욱 매력을 느끼게 되었어요.

종이접기를 시작하고, 좋은 사람들을 만나 함께 배우고,
배운 것을 나누는 시간들이 참 즐겁고 행복한데,
이렇게 감사한 기회로 책까지 낼 수 있게 되어서
저에게는 행복과 행운을 모두 가져다준 종이접기가 되었어요.
이 행복이 책에 잘 담겨서 보시는 분들께도 꼭 전달될 거라고 생각합니다.

소중한 사람들과 행복한 종이접기 시간이 되시길 바랍니다.

밤비놀이터_심은정

[목차]

기본 종이접기와 기호 _ 12

색종이 크기 _ 18

1장
동물

강아지 _ 22    여우 _ 23    고양이 _ 24    토끼 _ 26    코끼리 _ 28

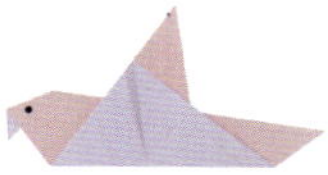

비둘기 _ 29    공작새 _ 30    펭귄 _ 31 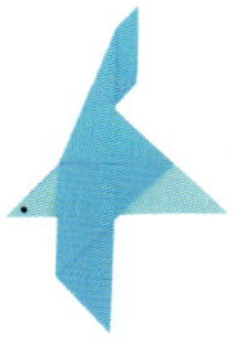   갈매기 _ 32 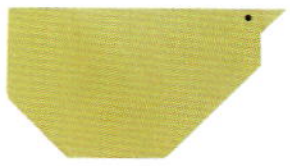   병아리 _ 33

개구리 _ 34    올챙이 _ 35   고래 _ 36    열대어 _ 37    꽃게① _ 38

꽃게② _ 39    오징어 _ 40   조개 _ 42    멸치 _ 43

2장
곤충

메뚜기 _46   매미 _47   잠자리 _48   반딧불이 _50   무당벌레 _51   나비 _52

달팽이 _53   벌 _54

3장
식물

나무 _58   잔디 _59   튤립 _60   수국 _61   나팔꽃 _62   초롱꽃 _63

카네이션 _64   포인세티아 _65   민들레 _66   해바라기 _68   나뭇잎 _69   눈 내린 나무 _70

4장
날씨

해 _74   달 _75   별 _76   구름 _77   빗방울 _78   눈사람① _79   눈사람② _80

5장
음식

사탕① _84   사탕② _86   아이스크림 _87   달걀 _88   삼각김밥 _89   사과&사과조각 _90

수박 _92   딸기 _93   포도 _94   알밤 _96   도토리 _97   옥수수 _98

완두콩 _100   호박 _101

6장
사람과 의복

얼굴 _104 팔다리 _106 모자 _107 넥타이 _108 셔츠 _109 바지 _110

치마 _111 한복 저고리 _112 한복 바지 _114 한복 치마 _115 신발 _116

7장
특별한 날

복조리 _120 복주머니 _122 윷 _124 가랜드 _125 리스 _126 산타 모자 _127

산타 신발 _128 선물상자 _130 손모아 장갑 _132 종 _134 지팡이 장식 _135 트리 _136

8장
소품

리본① _ 140   리본② _ 142   반지 _ 144   손목시계 _ 145   왕관 _ 146

풍선 _ 147   하트 _ 148   지갑① _ 149   지갑② _ 150   지갑③ _ 151

슬리퍼 _ 152   마스크 _ 154   우산 _ 156   몽당연필 _ 158   물감 _ 159

크레파스 _ 160   메모꽂이 _ 162   액자① _ 164   액자② _ 165   손잡이 달린 상자 _ 166

9장
탈것

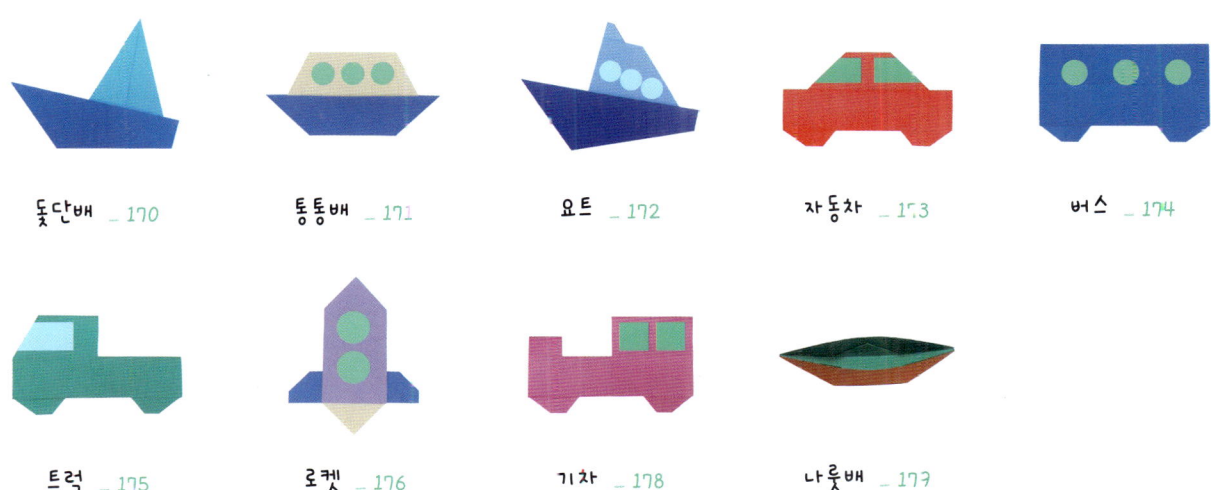

돛단배 _170   통통배 _171   요트 _172   자동차 _173   버스 _174

트럭 _175   로켓 _176   기차 _178   나룻배 _177

10장
장난감

딱지 _182   표창 _184   바람개비 _186   동서남북 _188   블록 쌓기 _189   우주선 외계인 _190

비행기 _191   뾰족 비행기 _192   사계절북 _193   개구리 점프 _194   카메라 _196

기본 종이접기와 기호

종이접기를 시작하기 전에 기본 종이접기 방법과 기호를 익혀요!
차근차근 따라 하면서 연습해보세요.

[골짜기 접기]

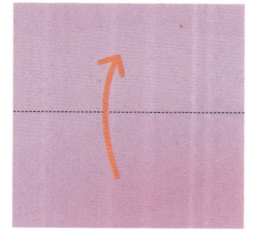 

점선이 안으로 가도록(보이지 않도록) 화살표 방향대로 접어요.

[산 접기]

점선이 밖으로 가도록(보이도록) 화살표 방향대로 접어요.

[접었다 펴서 표시선 만들기]

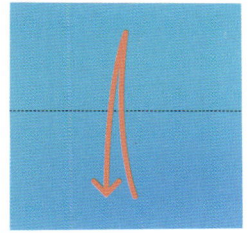 

접었다 펴서 표시선(접힌 자국)을 만들어요.

[아이스크림 접기]

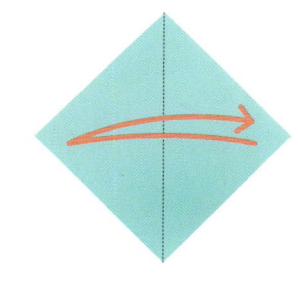 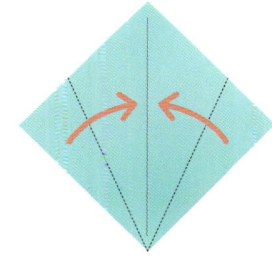 

❶ 대각선으로 한 번 접었다 펴요.   ❷ 양쪽을 표시선에 맞춰서 접어요.   완성!

[문 접기]

❶ 반을 접었다 펴요.   ❷ 양쪽을 표시선에 맞춰서 접어요.   완성!

[방석 접기]

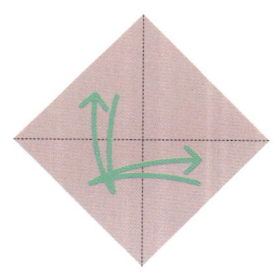 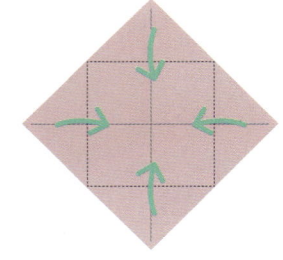 

① 대각선으로 접었다 펴요.　② 네 모서리를 가운데에 맞춰서 접어요.　완성!

[계단 접기]

① 골짜기 접기 한 다음, 조금 간격을 두고 산 접기 해요.　완성!

[안으로 넣어 접기]

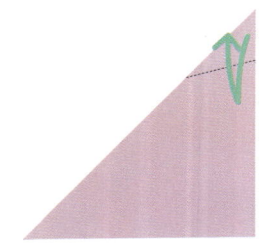 

① 위쪽을 비스듬히 내려 접었다 (골짜기 접기) 펴요.　② 표시선을 따라 안으로 넣어 접어요.　완성!

[밖으로 뒤집어 접기]

① 위쪽을 비스듬히 내려 접었다 (골짜기 접기) 펴요.   ② 표시선을 따라 밖으로 뒤집어 접어요.   완성!

[삼각 주머니 접기]

방법①

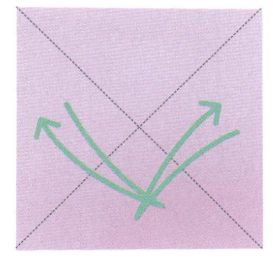 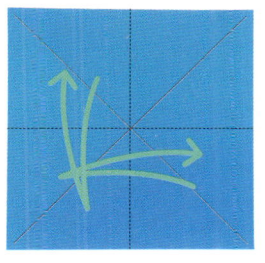

① 대각선으로 접었다 편 다음 뒤집어요.   ② 가로세로 접었다 펴요.

③ 양쪽을 가운데로 오므리면서 표시선을 따라 접어요.   완성!

 방법②

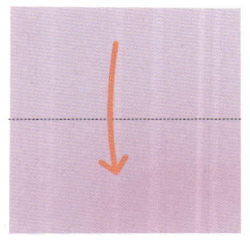 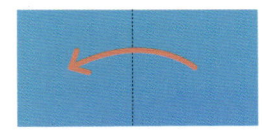 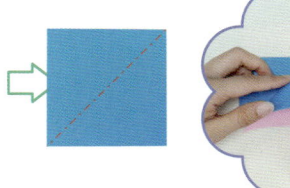

① 반을 내려 접어요.   ② 반을 접어요.   ③ 윗장의 화살표 틈에 손가락을 넣어 옆으로 벌리며 눌러 접어요.

 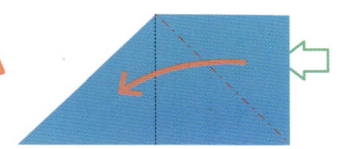 

④ 가로로 뒤집어요.   ⑤ 화살표 틈에 손가락을 넣어 옆으로 벌리며 눌러 접어요.   완성!

[사각 주머니 접기]

 방법①

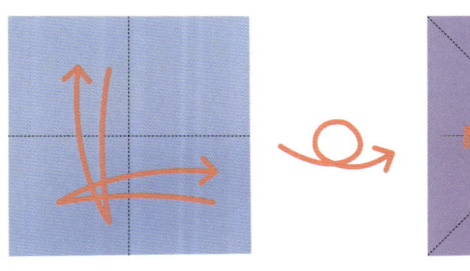 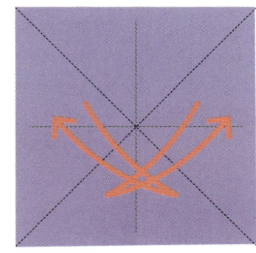

① 가로세로로 접었다 편 다음 뒤집어요.   ② 대각선으로 접었다 펴요.

❸ 양쪽을 가운데로 오므리면서 표시선을 따라 접어요.

완성!

방법②

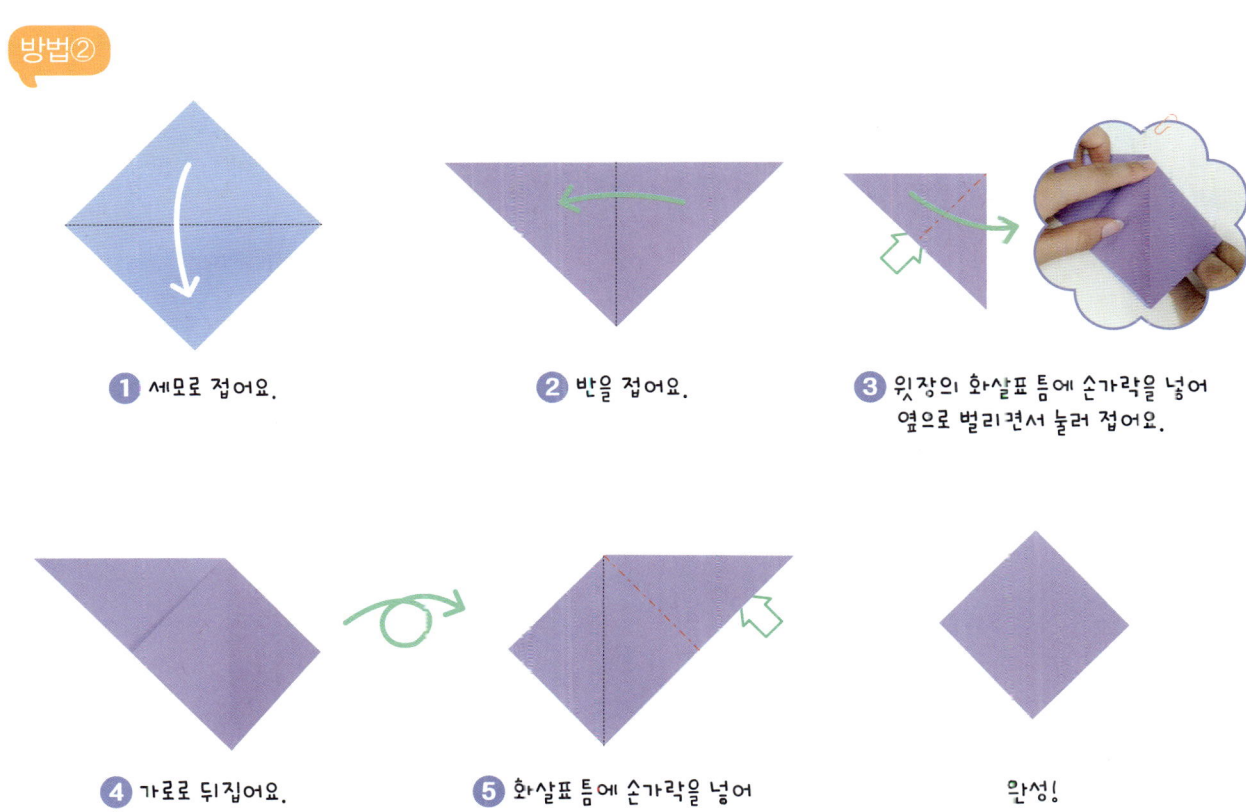

❶ 세모로 접어요.

❷ 반을 접어요.

❸ 윗장의 화살표 틈에 손가락을 넣어 옆으로 벌리면서 눌러 접어요.

❹ 가로로 뒤집어요.

❺ 화살표 틈에 손가락을 넣어 옆으로 벌리면서 눌러 접어요.

완성!

색종이 크기

기본적으로 색종이를 1장 다 사용하지만, 잘라서 사용하는 경우도 있어요.
색종이 위의 두꺼운 선(———)은 가로로 자르는 선이에요.
아래 사진을 참고해 색종이를 크기에 맞게 잘라서 사용하세요.

[**1/2 크기**]　　　　　　　[**1/4 크기**]

[**1/8 크기**]

[**1/16 크기**]

1장

동물

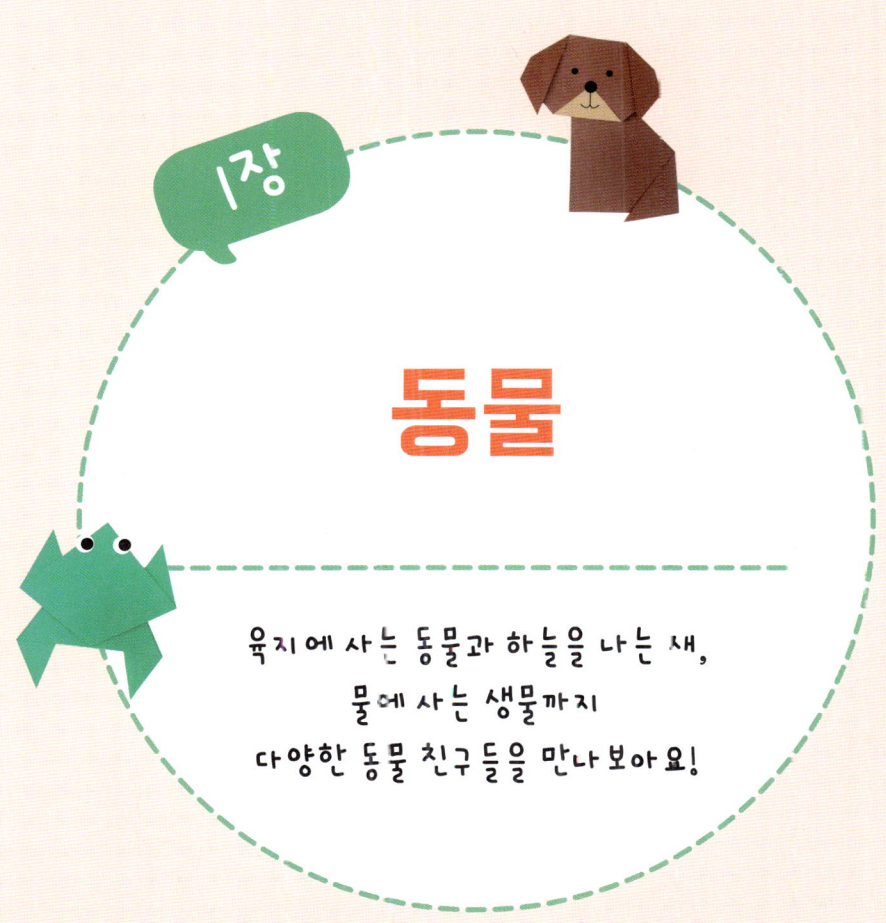

육지에 사는 동물과 하늘을 나는 새,
물에 사는 생물까지
다양한 동물 친구들을 만나 보아요!

강아지

★☆☆

얼굴

① 세모로 접은 다음, 반 접었다 펴요.

② 표시선을 기준으로 양쪽을 비스듬히 내려 접어요.

③ 양쪽 모서리를 뒤로 조금만 넘겨 접어요.

④ 아래쪽 모서리를 한 장만 올려 접어요(뒷면도 똑같이 접어요).

⑤ 얼굴 완성

몸통

⑥ 세모로 접은 다음, 오른쪽 모서리를 비스듬히 접어요.

⑦ 몸통 완성

완성!

얼굴과 몸통을 붙여요.

여우

얼굴

① 세모로 접어요.
② 반 접었다 펴요.
③ 표시선을 기준으로 양쪽을 비스듬히 접어요.
④ 가로로 뒤집어요.
⑤ 얼굴 완성

몸통

⑥ 강아지(22p) 6~7번 과정을 참고해 몸통을 접어요.

완성!

얼굴과 몸통을 붙여요.

고양이

★☆☆

얼굴

1. 세모로 접은 다음, 반 접었다 펴요.

2. 양쪽을 표시선에 맞춰서 내려 접어요.

3. 양쪽을 비스듬히 올려 접어요.

4. ○를 기준으로 위쪽을 내려 접어요.

5. 가로로 뒤집어요.

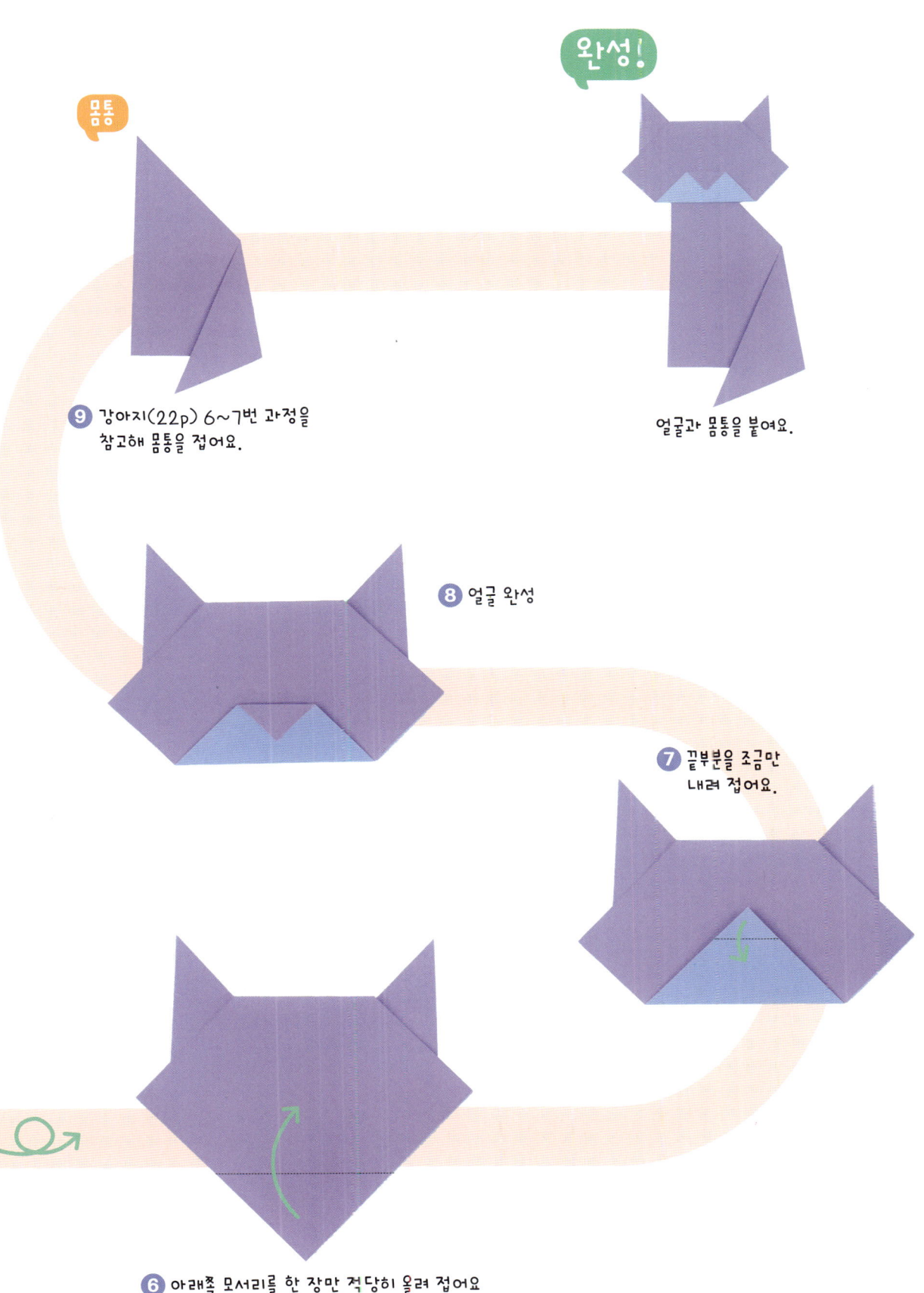

토끼

★★☆

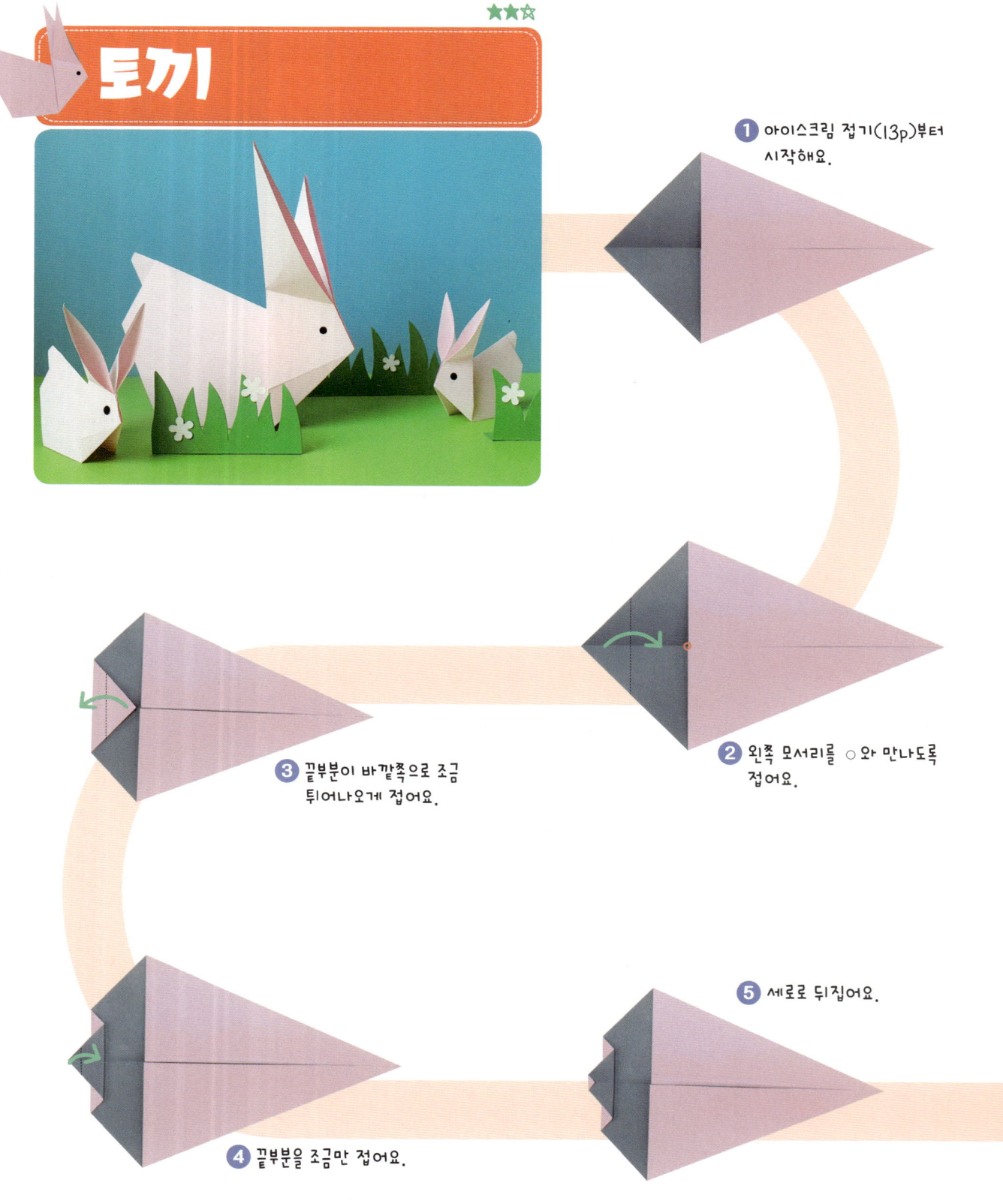

1. 아이스크림 접기(13p)부터 시작해요.

2. 왼쪽 모서리를 ○와 만나도록 접어요.

3. 끝부분이 바깥쪽으로 조금 튀어나오게 접어요.

4. 끝부분을 조금만 접어요.

5. 세로로 뒤집어요.

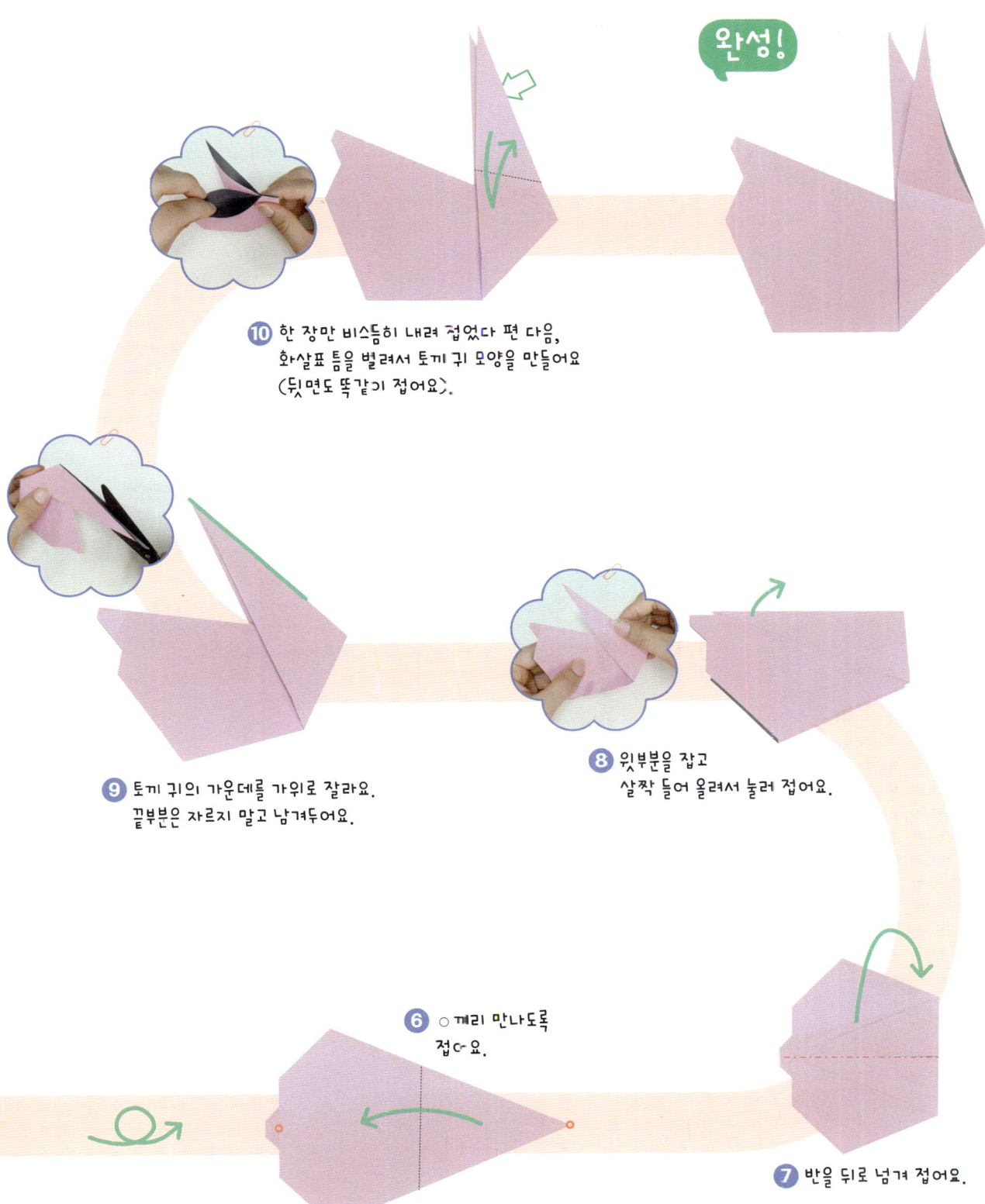

완성!

❿ 한 장만 비스듬히 내려 접었다 편 다음, 화살표 틈을 벌려서 토끼 귀 모양을 만들어요 (뒷면도 똑같이 접어요).

❾ 토끼 귀의 가운데를 가위로 잘라요. 끝부분은 자르지 말고 남겨두어요.

❽ 윗부분을 잡고 살짝 들어 올려서 눌러 접어요.

❻ ○끼리 만나도록 접어요.

❼ 반을 뒤로 넘겨 접어요.

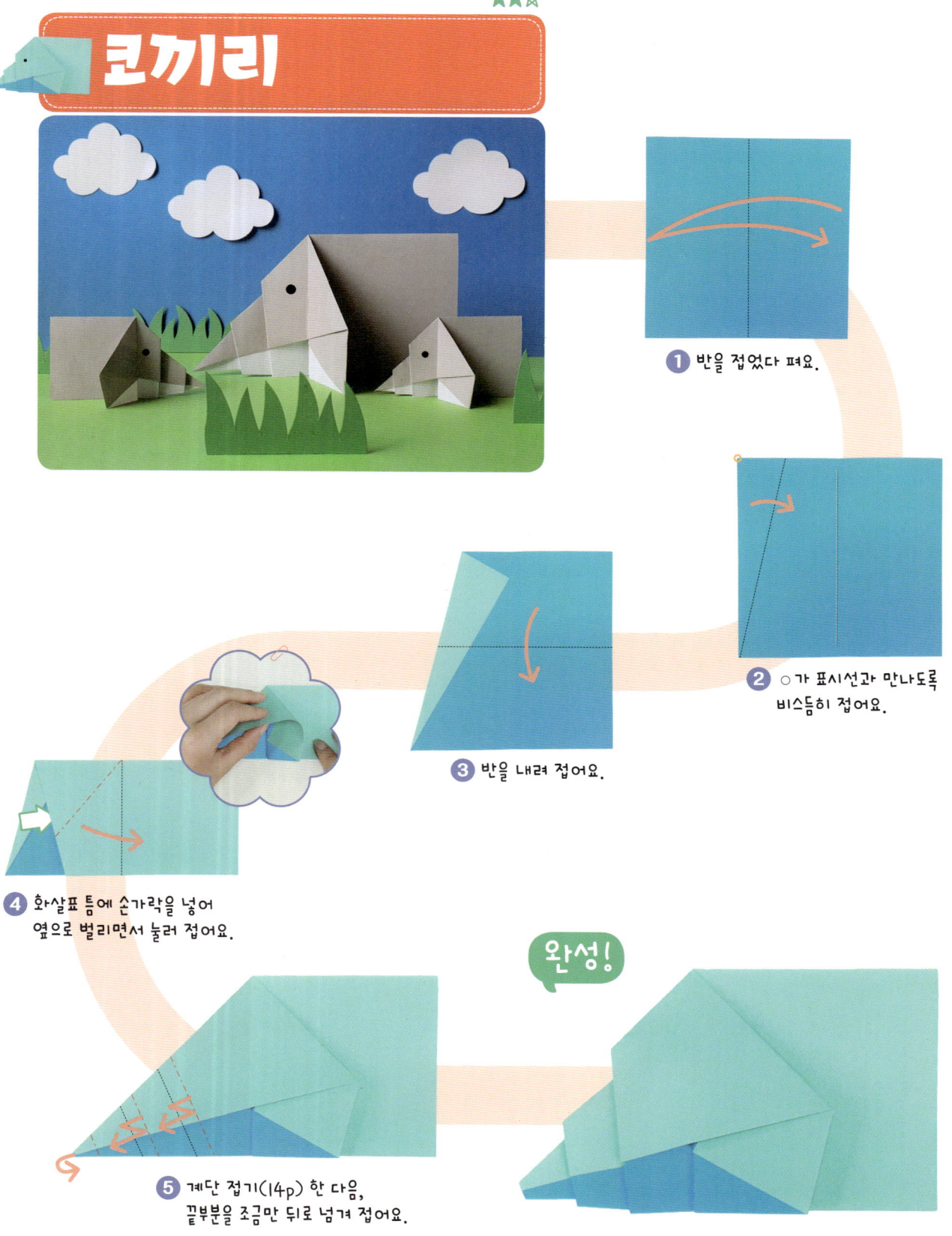

비둘기

★★☆

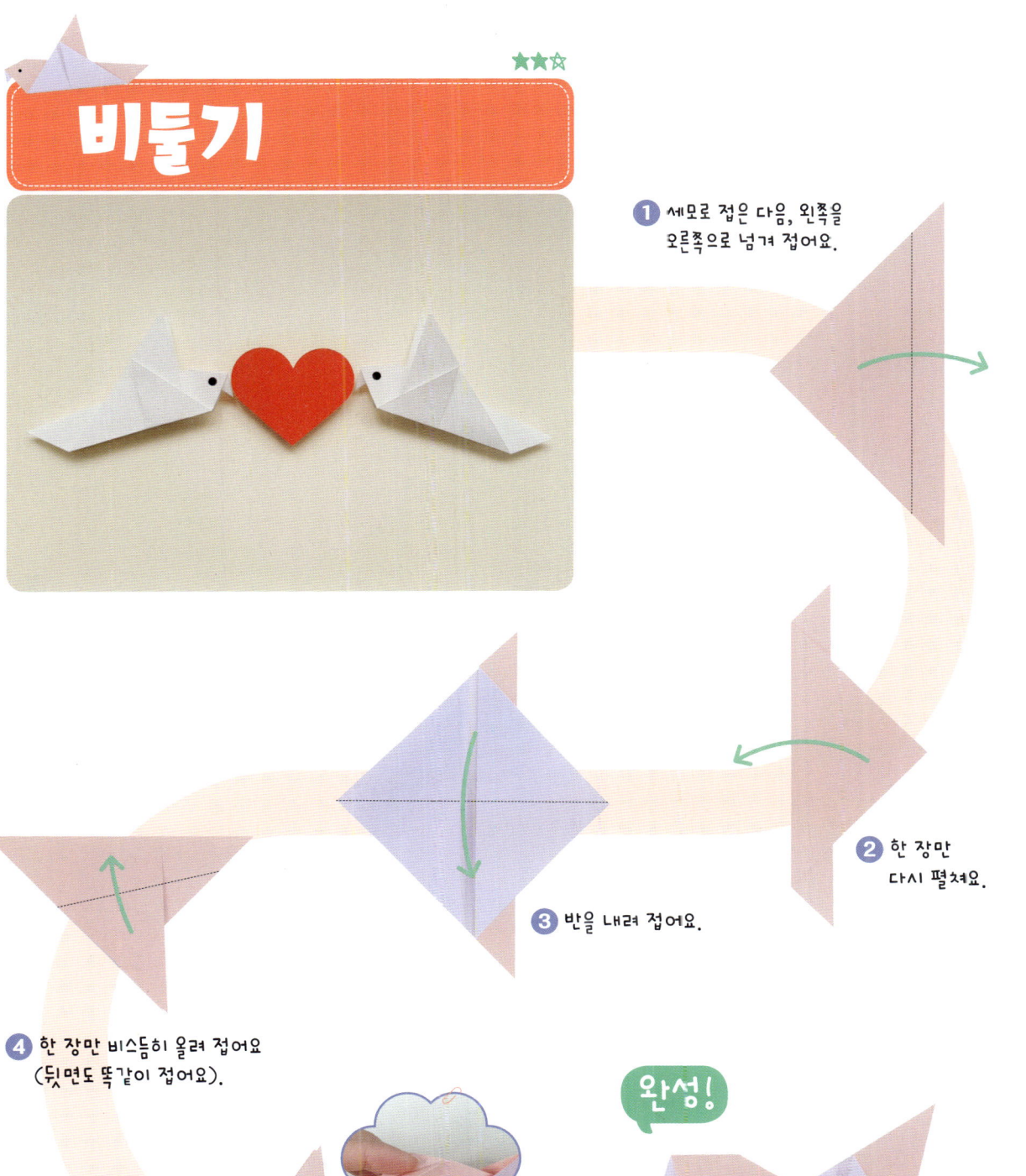

① 세모로 접은 다음, 왼쪽을 오른쪽으로 넘겨 접어요.

② 한 장만 다시 펼쳐요.

③ 반을 내려 접어요.

④ 한 장만 비스듬히 올려 접어요 (뒷면도 똑같이 접어요).

⑤ 왼쪽 모서리를 비스듬히 안으로 넣어 접어요.

완성!

공작새

★☆☆

1. 아이스크림 접기(13p) 한 다음, ○끼리 만나도록 내려 접어요.
2. ○끼리 만나도록 올려 접어요.
3. 아래쪽을 적당히 올려 접어요.
4. 가로로 뒤집어요.
5. 아래쪽을 조금만 올려 접어요.
6. 가로로 뒤집어요.
7. 끝부분을 조금만 내려 접어요.

완성!

펭귄

★☆☆

① 세모로 한 번 접었다 편 다음, 위쪽에 조금만 간격을 두고 올려 접어요.

② 가로로 뒤집어요.

③ ○를 표시선에 맞춰서 접어요.

④ 양쪽 모서리가 바깥쪽으로 튀어나오게 접어요.

⑤ 위쪽을 조금만 내려 접어요.

⑥ 가로로 뒤집어요.

⑦ 위쪽 모서리를 적당히 내려 접어요.

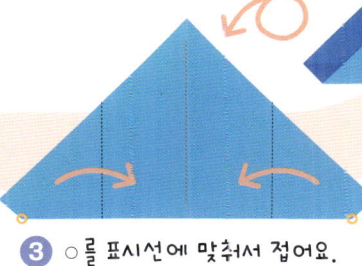

완성!

병아리 ★☆☆

① 방석 접기(14p) 한 다음, 아래쪽만 남기고 모두 덜쳐요.

② 아래쪽을 표시선에 맞춰서 올려 접어요.

③ 양쪽 모서리를 ○와 만나도록 접어요.

④ 양쪽을 표시선에 맞춰서 접어요.

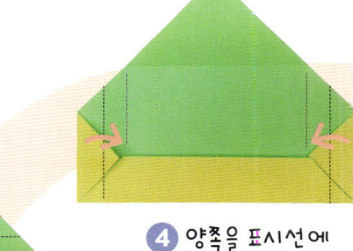

⑤ 위쪽을 계단 접기(14p) 해요.

⑥ 아래쪽 모서리를 ○와 만나도록 접어요.

⑦ 반을 접은 다음 방향을 돌려요.

완성!

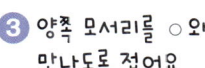

개구리

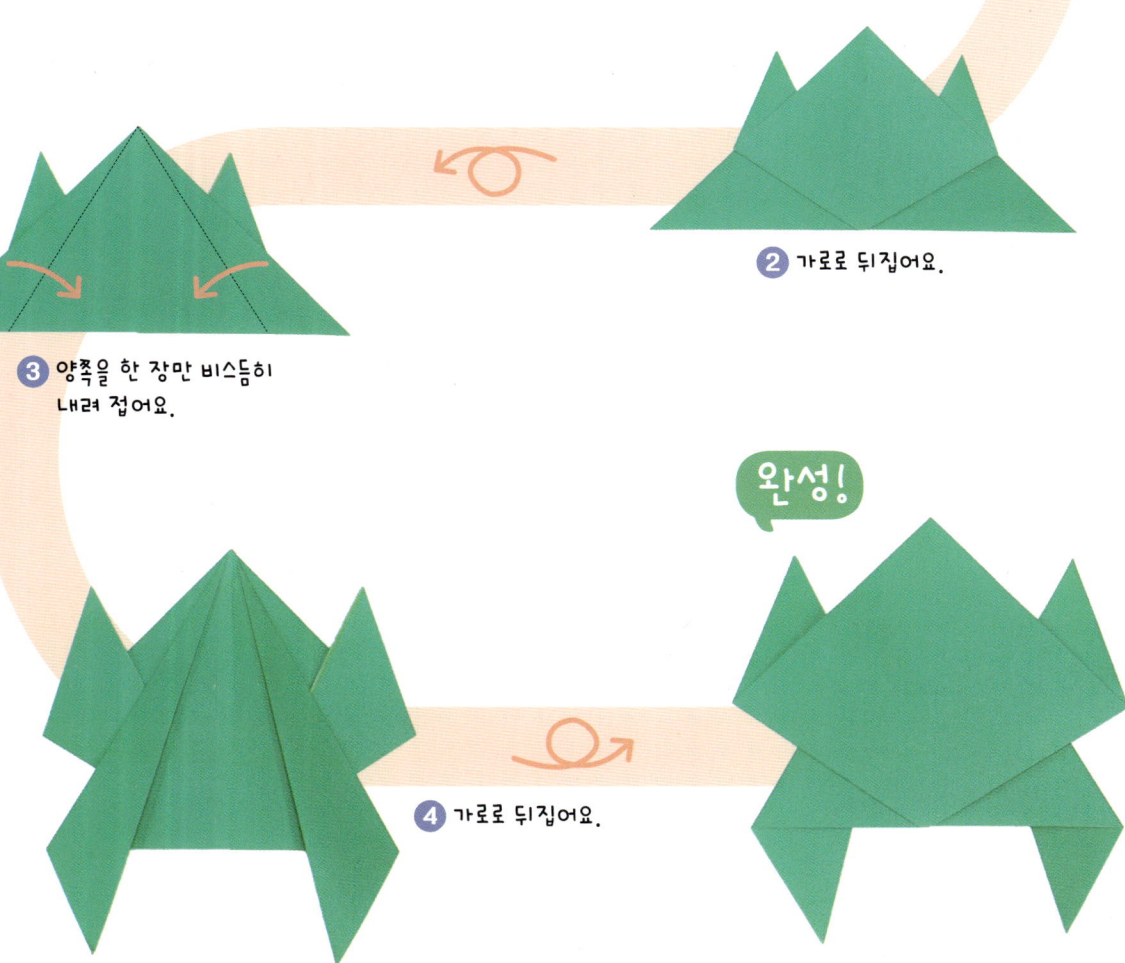

1. 삼각 주머니(15p)를 접은 다음, 양쪽을 한 장만 뒤로 비스듬히 넘겨 접어요.
2. 가로로 뒤집어요.
3. 양쪽을 한 장만 비스듬히 내려 접어요.
4. 가로로 뒤집어요.

완성!

올챙이

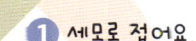

① 세모로 접어요.

② 반 접었다 펴요.

③ 화살표 틈에 손가락을 넣어 옆으로 벌리면서 눌러 접어요.

④ 가로로 뒤집어요.

⑤ 오른쪽 한 장을 표시선에 맞춰서 접어요.

⑥ 가로로 뒤집어요.

완성!

고래

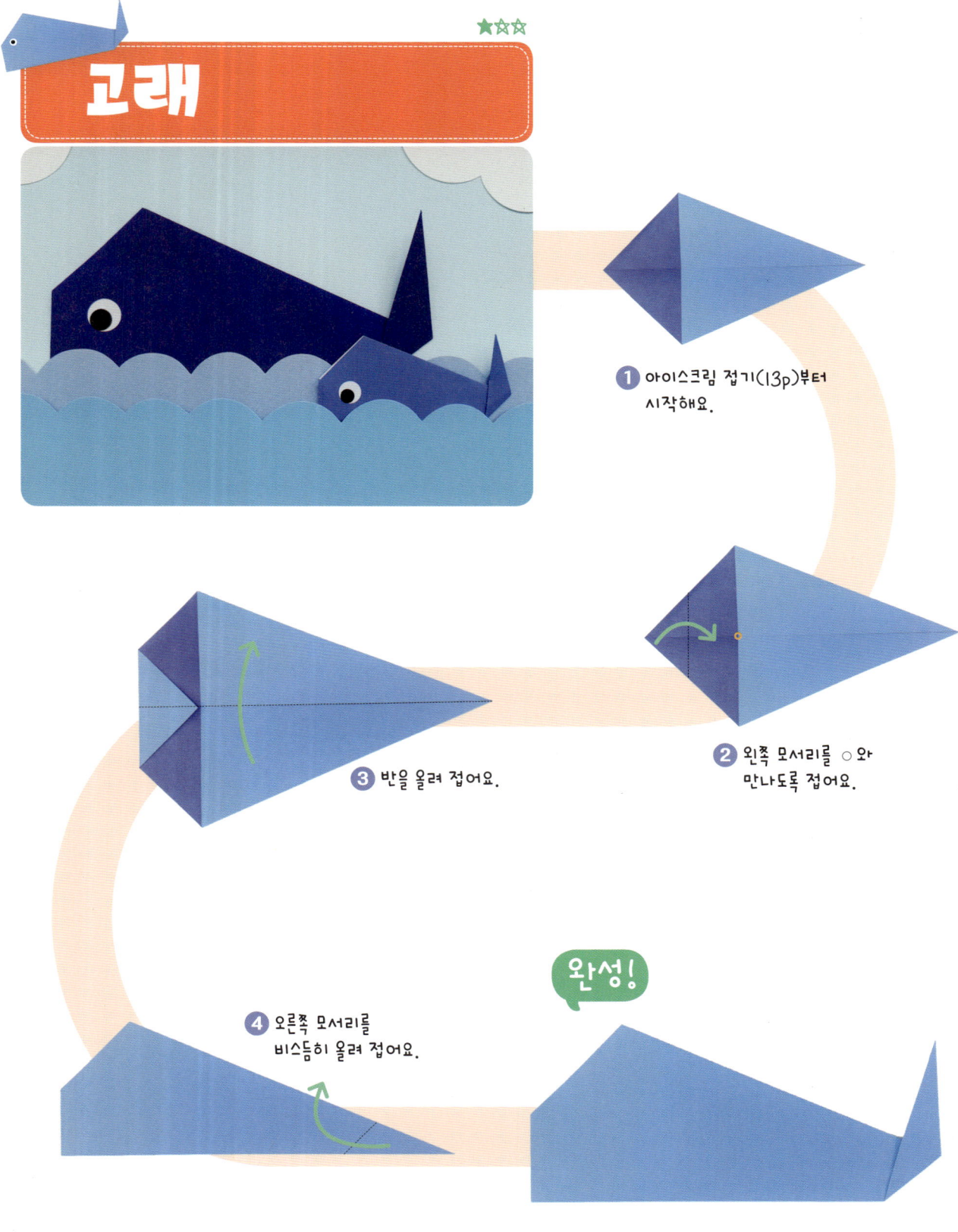

1. 아이스크림 접기(13p)부터 시작해요.
2. 왼쪽 모서리를 ○와 만나도록 접어요.
3. 반을 올려 접어요.
4. 오른쪽 모서리를 비스듬히 올려 접어요.

완성!

열대어

★★☆

① 삼각 주머니(15p)를 접어요.

② 아래쪽을 한 장만 비스듬히 올려 접어요.

③ 위쪽을 한 장만 비스듬히 내려 접어요.

④ 세로로 뒤집어요.

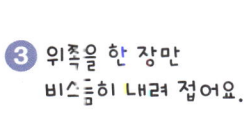

꽃게 ①

★★☆

몸통

1. 방석 접기(14p)부터 시작해요.
2. 양쪽을 펼쳐요.
3. 양쪽 모서리를 표시선에 맞춰서 접어요.
4. 가로로 뒤집어요.
5. 몸통 완성

다리

6. 잔디(59p) 5번 과정까지 접어요. 반대 방향으로 1장 더 접어요.

완성!

몸통 양쪽에 다리를 붙여요.

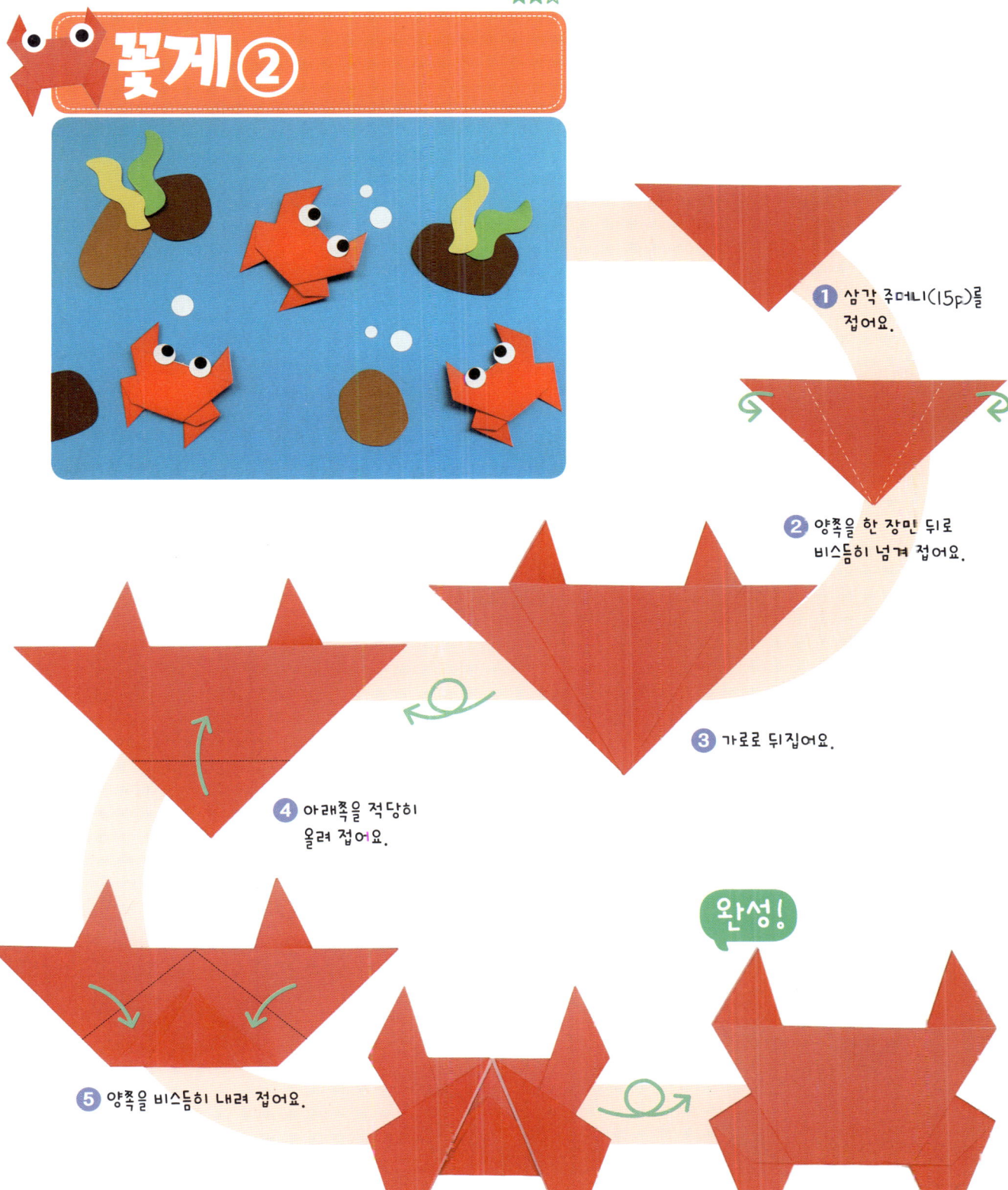

오징어

★★☆

몸통

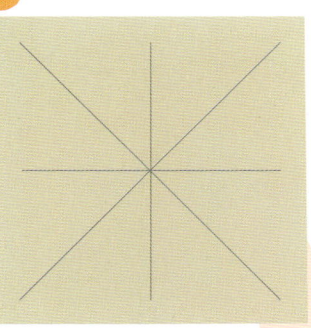

❶ 가로세로와 대각선으로 반 접었다 편 다음 시작해요.

❷ 아래쪽 모서리를 가운데에 맞춰서 접어요.

❸ 가로로 뒤집어요.

❹ 양쪽을 오므리면서 표시선을 따라 접어요.

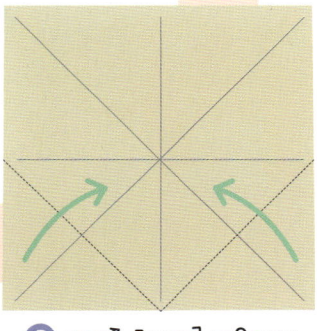

❺ 가로로 뒤집어요.

❻ 양쪽을 표시선에 맞춰서 접어요.

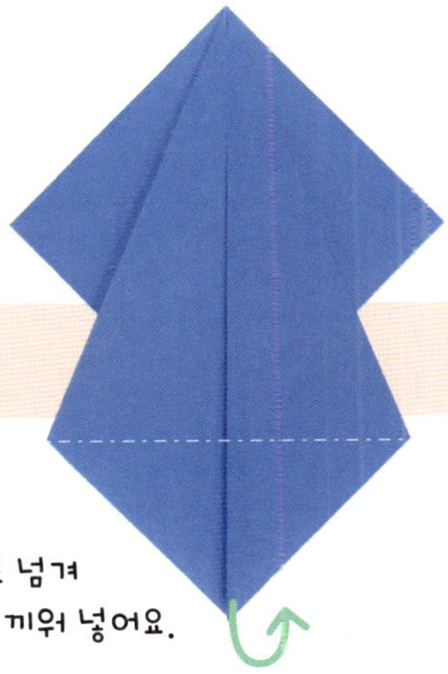

완성!

몸통에 다리를 끼워 붙여요.

⑪ 아랫부분을 가위로 자르면 다리 완성

다리

⑩ 가로로 뒤집어요.

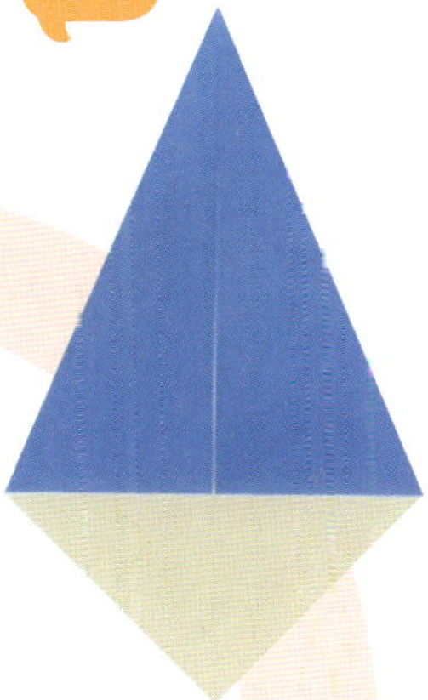

⑨ 색종이를 1/4 크기로 자른 다음, 아이스크림 접기(13p) 해요.

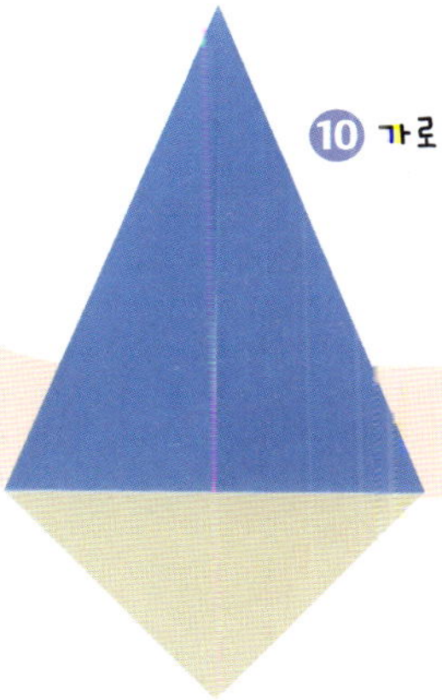

⑦ 아래쪽 모서리를 뒤로 넘겨 접으면서 틈 사이에 끼워 넣어요.

⑧ 몸통 완성

40
41

조개

★★☆

① 사각 주머니(16p)를 접은 다음, 뚫린 부분이 위로 가게 놓아요.

② 양쪽을 한 장만 가운데에 맞춰서 접었다 펴요(뒷면도 똑같이 접어요).

③ 아래쪽 모서리를 조금만 올려 접어요.

④ 화살표 틈에 손가락을 넣어 밑으로 벌리면서 눌러 접어요.

⑤ 윗부분을 조개 모양으로 잘라요.

⑥ 세로로 뒤집어요.

완성!

멸치

★☆☆

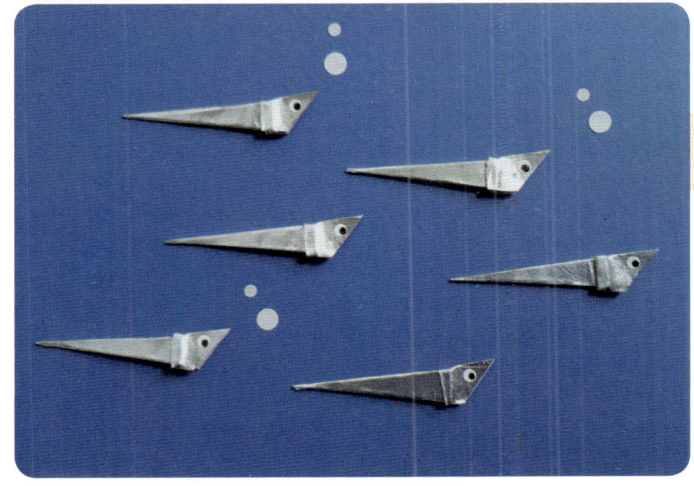

① 아이스크림 접기(13p)부터 시작해요.

② 위아래를 가운데에 맞춰서 접어요.

③ 세로로 뒤집어요.

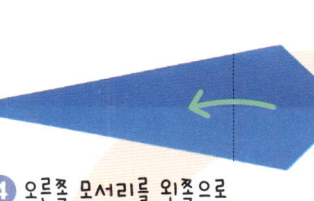

④ 오른쪽 모서리를 왼쪽으로 적당히 접어요.

⑤ 끝부분을 다시 오른쪽으로 적당히 접어요.

완성!

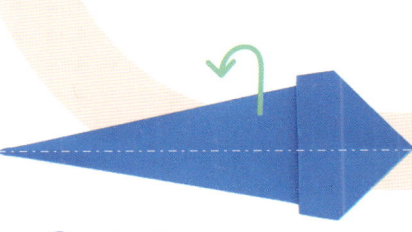

⑥ 반을 뒤로 넘겨 접어요.

2장

곤충

크기는 작지만 우리 주변에서
쉽게 찾아볼 수 있는 곤충!
수도 많고 종류도 다양하답니다.

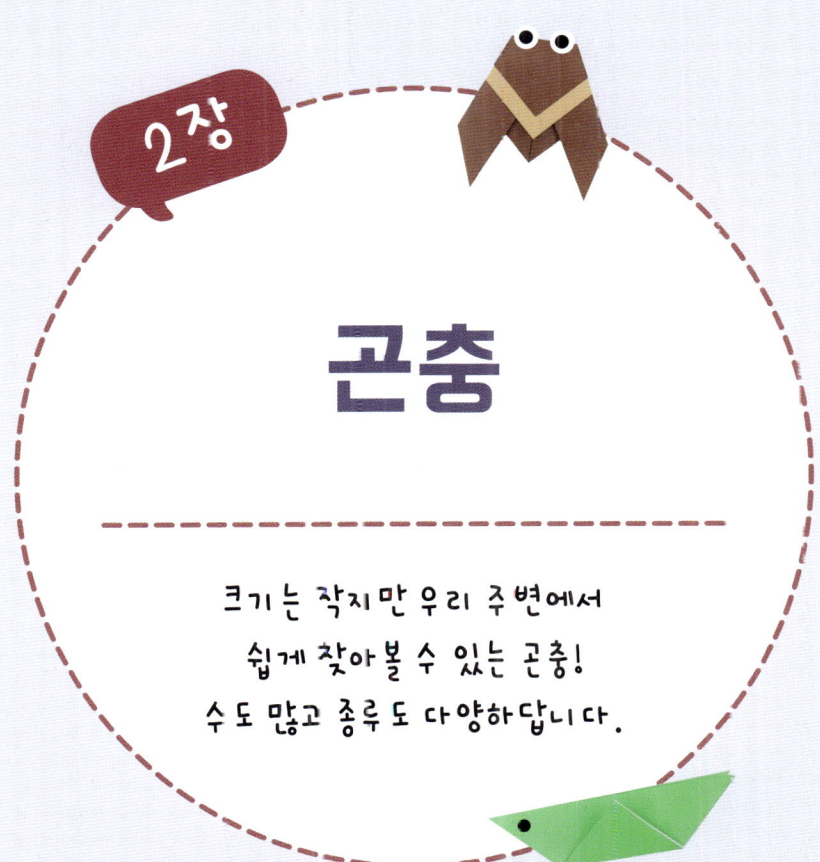

메뚜기

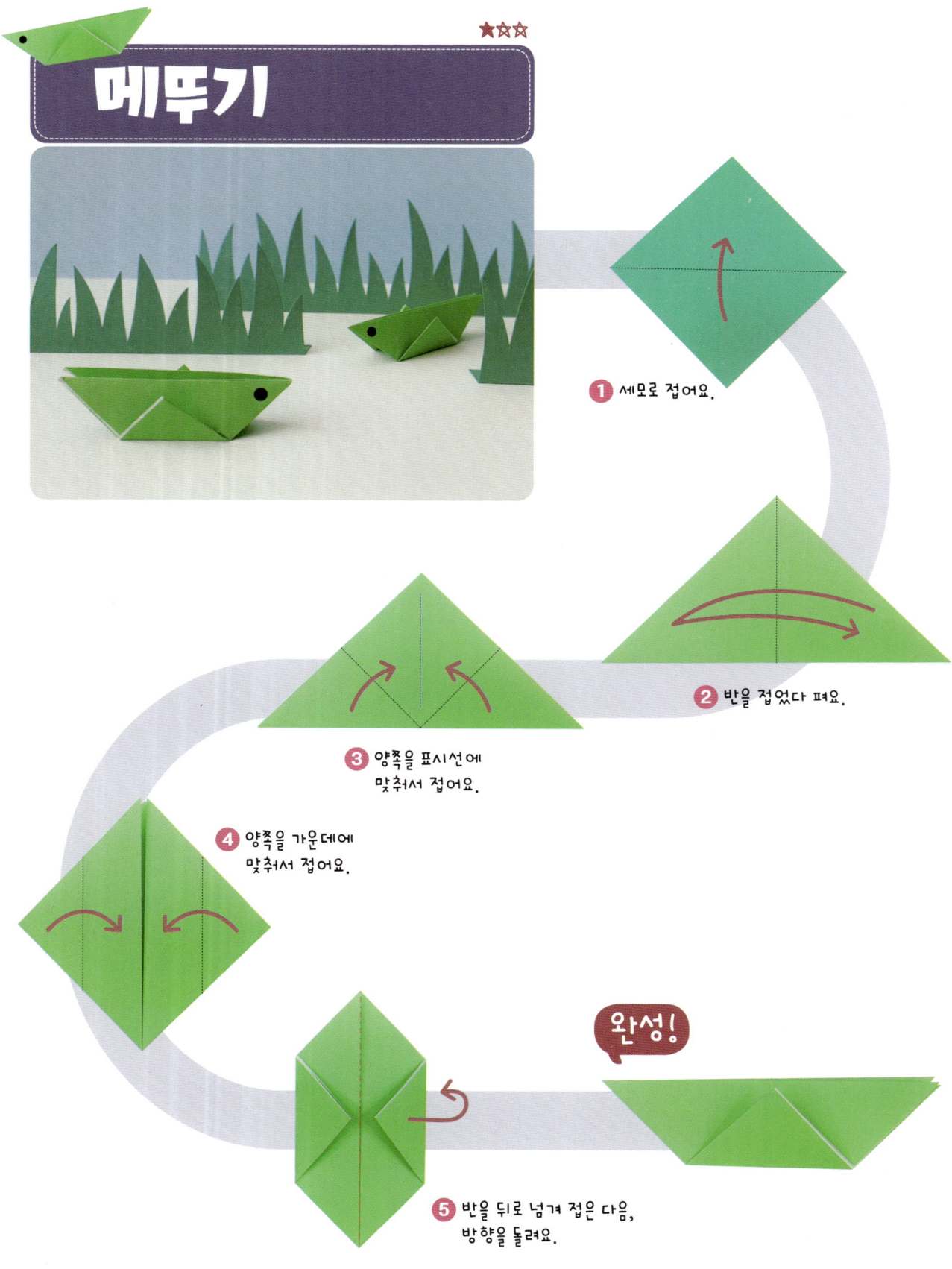

1 세모로 접어요.
2 반을 접었다 펴요.
3 양쪽을 표시선에 맞춰서 접어요.
4 양쪽을 가운데에 맞춰서 접어요.
5 반을 뒤로 넘겨 접은 다음, 방향을 돌려요.

완성!

매미

★☆☆

① 세모로 접은 다음, 반 접었다 펴요.

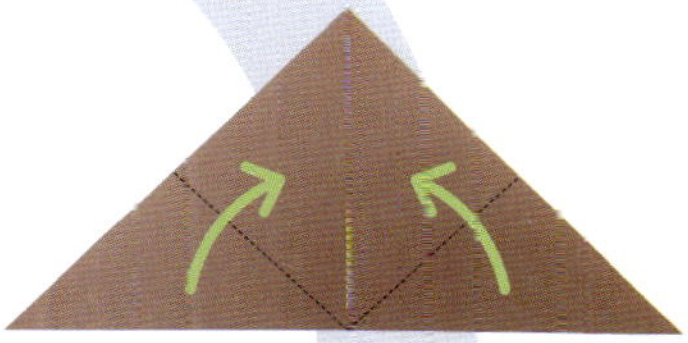

② 양쪽을 표시선에 맞춰서 접어요.

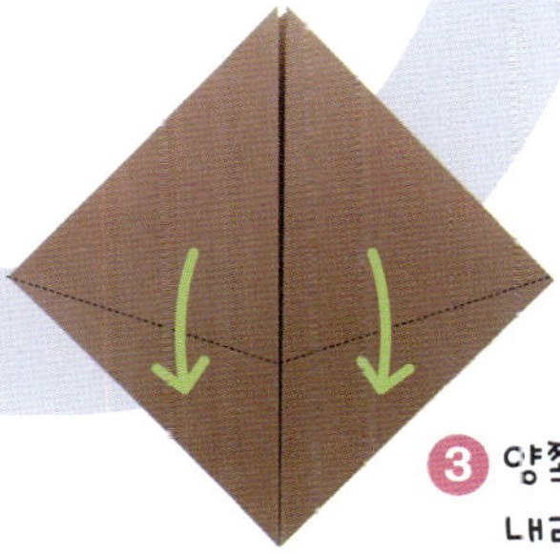

③ 양쪽을 비스듬히 내려 접어요

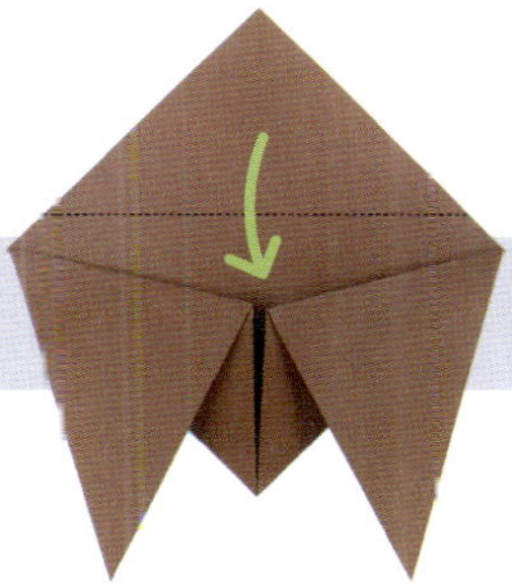

④ 위쪽 모서리를 한 장만 적당히 내려 접어요.

⑤ 나머지 한 장도 조금만 간격을 두고 내려 접어요.

⑥ 가로로 뒤집어요.

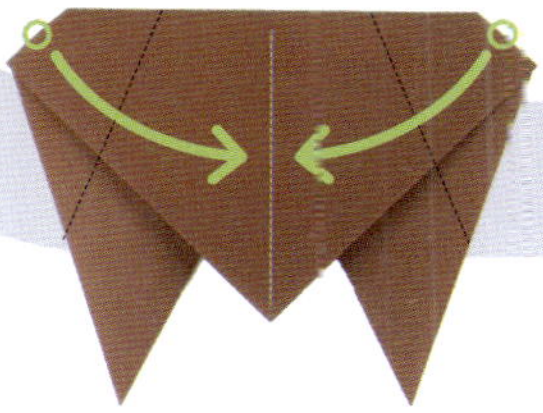

⑦ ○를 가운데에 맞춰서 접어요.

⑧ 가로로 뒤집어요.

완성!

잠자리 ★☆☆

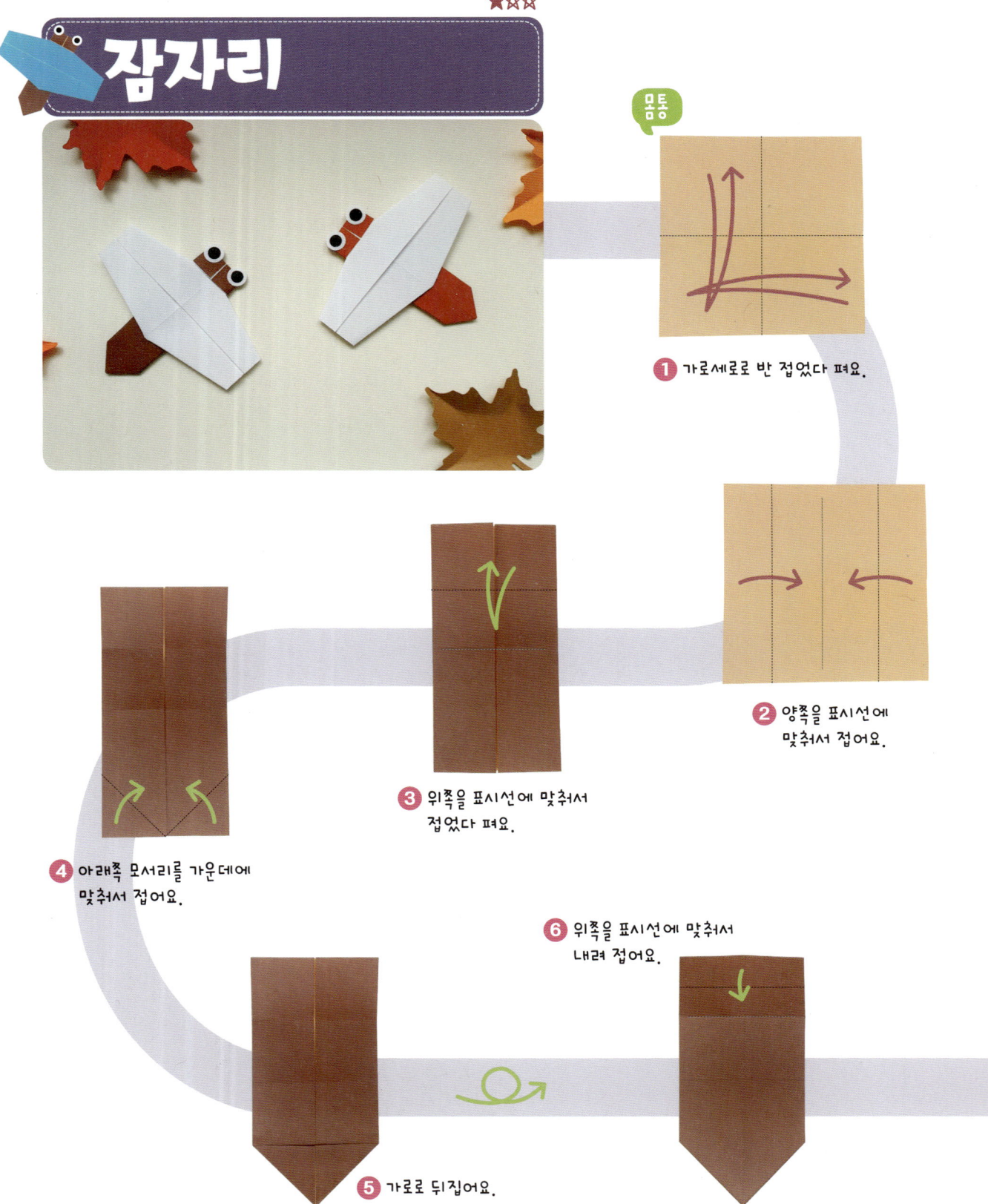

몸통

1. 가로세로로 반 접었다 펴요.
2. 양쪽을 표시선에 맞춰서 접어요.
3. 위쪽을 표시선에 맞춰서 접었다 펴요.
4. 아래쪽 모서리를 가운데에 맞춰서 접어요.
5. 가로로 뒤집어요.
6. 위쪽을 표시선에 맞춰서 내려 접어요.

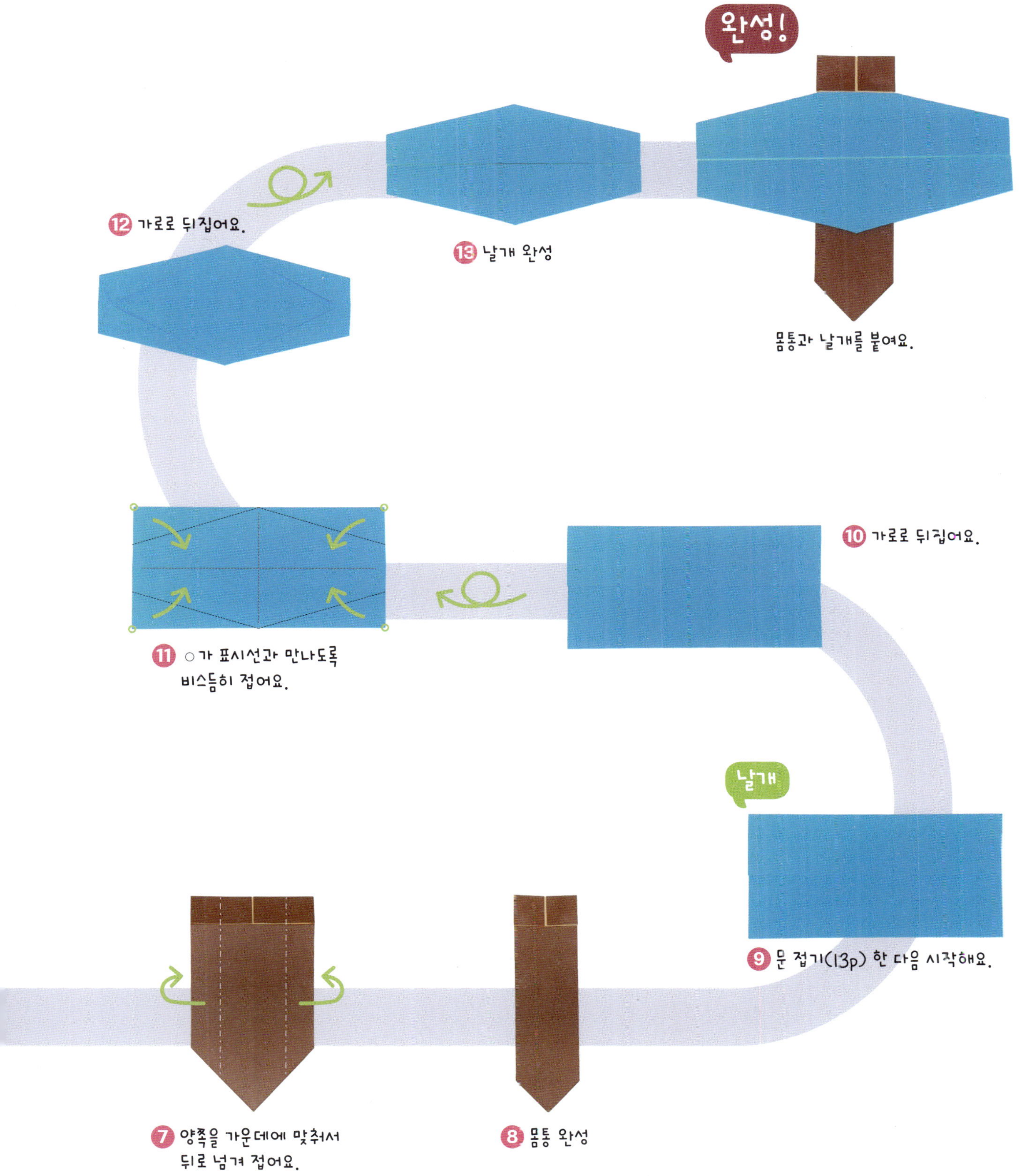

완성!

⑫ 가로로 뒤집어요.

⑬ 날개 완성

몸통과 날개를 붙여요.

⑪ ○가 표시선과 만나도록 비스듬히 접어요.

⑩ 가로로 뒤집어요.

날개

⑨ 문 접기(13p) 한 다음 시작해요.

⑦ 양쪽을 가운데에 맞춰서 뒤로 넘겨 접어요.

⑧ 몸통 완성

무당벌레

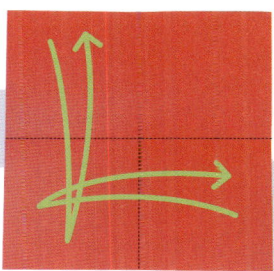

❶ 가로세로로 반 접었다 펴요.

❷ 위쪽을 표시선에 맞춰서 내려 접어요.

❸ 가로로 뒤집어요.

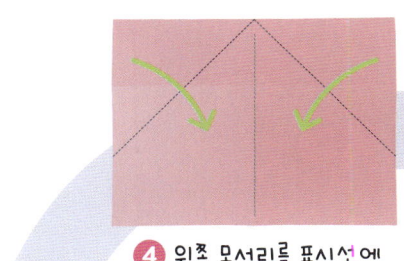

❹ 위쪽 모서리를 표시선에 맞춰서 내려 접어요.

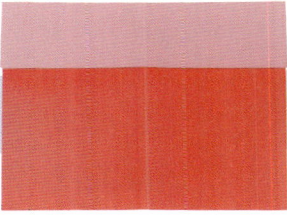

❺ 아래쪽 모서리를 가운데에 맞춰서 올려 접어요.

완성!

❻ 네 모서리를 안쪽으로 적당히 접어요.

❼ 가로로 뒤집어요.

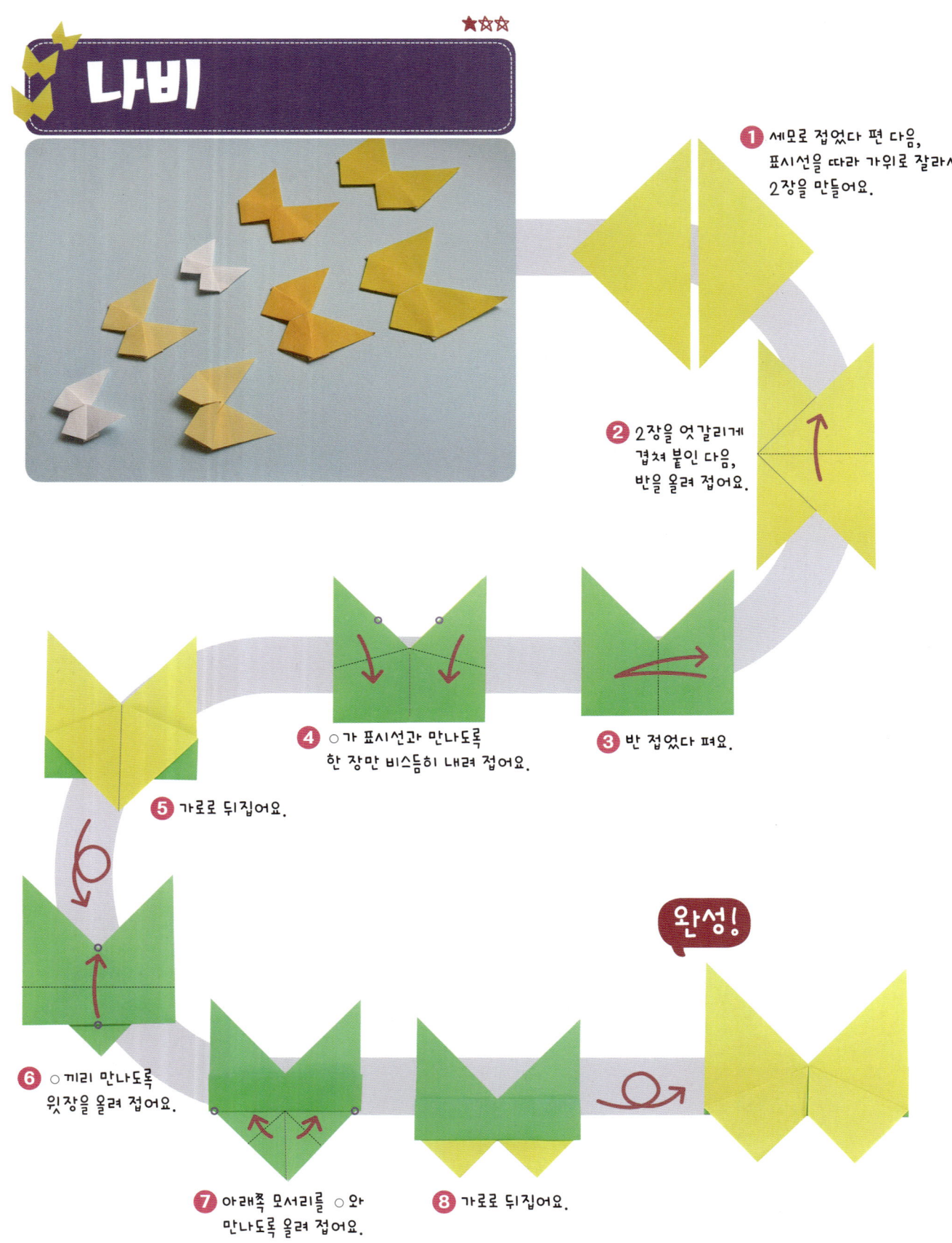

달팽이

★☆☆

1. 세모로 접어요.
2. 오른쪽 모서리를 ○에 맞춰서 접어요.
3. ○끼리 만나도록 접어요.
4. 가로로 뒤집어요.
5. 오른쪽 모서리를 비스듬히 올려 접어요.
6. 아래쪽을 뒤로 적당히 넘겨 접어요.

완성!

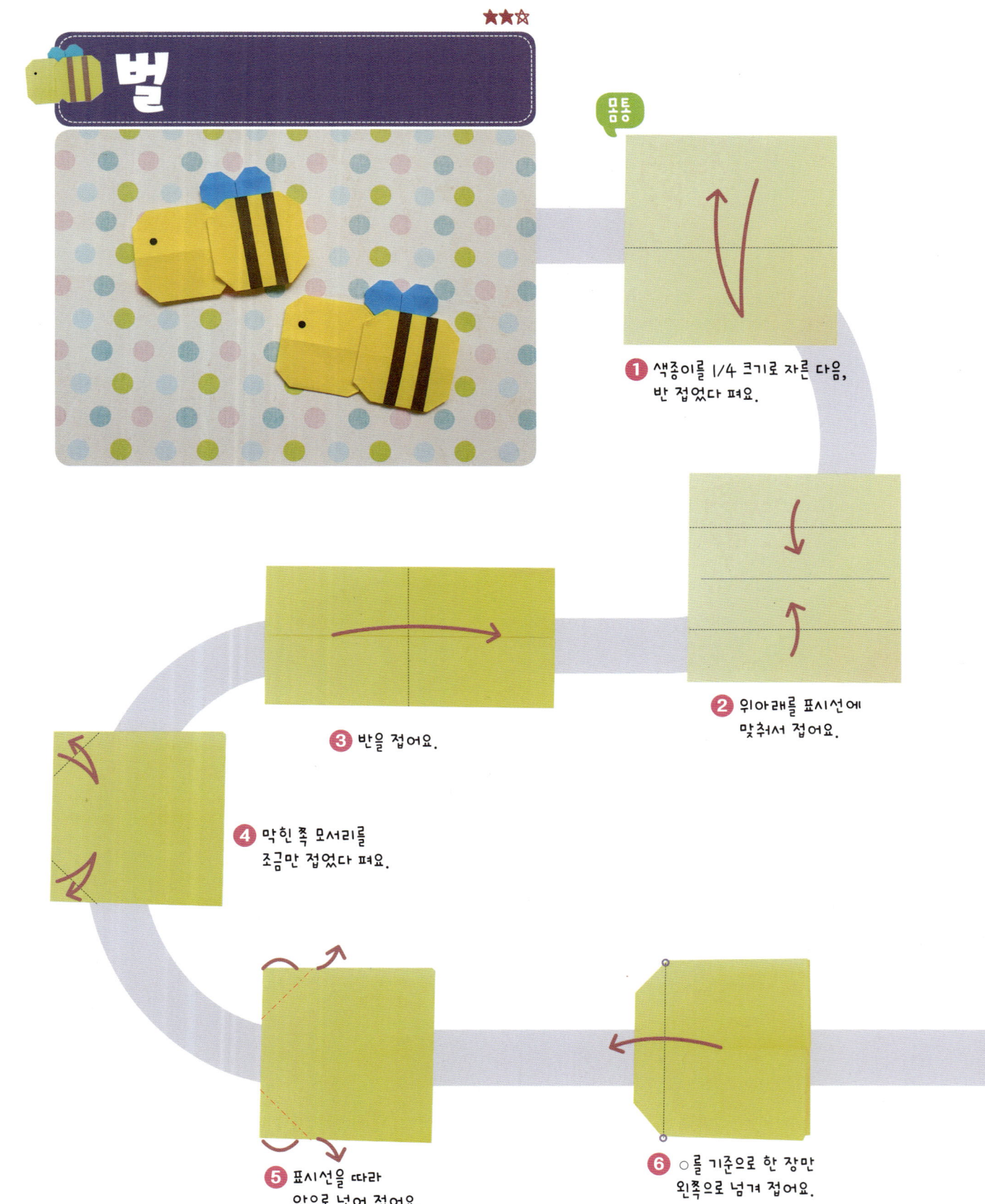

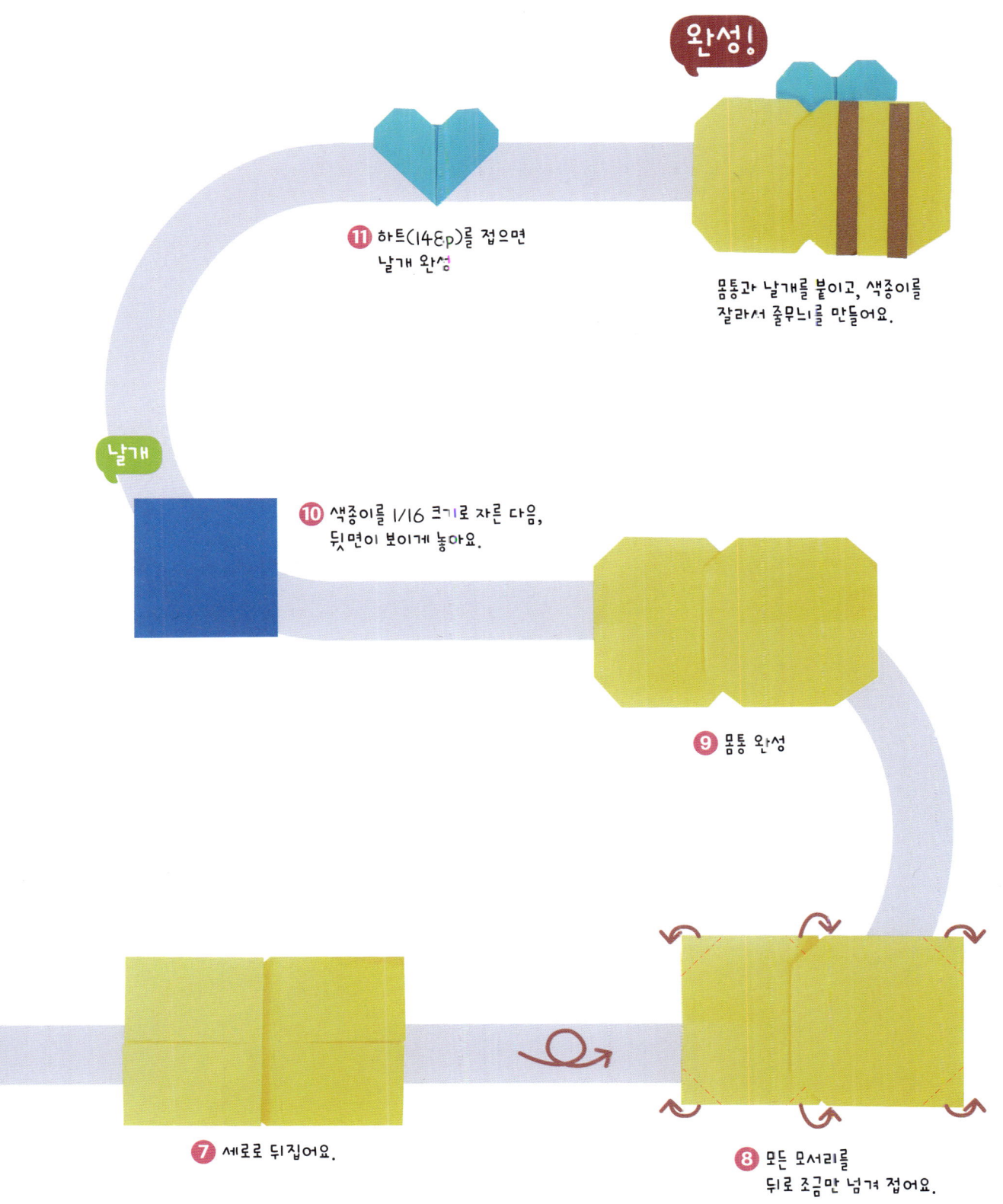

3장 식물

알록달록한 색깔과 향기로
사계절을 아름답게 물들여요.
다양한 식물들을 만나 보아요!

잔디

★★☆

1. 삼각 주머니(15p)를 접어요.
2. 왼쪽 한 장을 오른쪽으로 넘겨 접어요.
3. 오른쪽 한 장을 비스듬히 접어요.
4. 그다음 장도 비스듬히 접어요.
5. 마지막 장도 비스듬히 접어요.
6. 아래쪽 모서리를 뒤로 적당히 넘겨 접어요.

완성!

수국

★★☆

① 사각 주머니(16p)를 접은 다음, 뚫린 부분이 뒤로 가게 놓아요.

② 표시선에 맞춰서 한 장만 아이스크림 접기(13p) 해요 (뒷면도 똑같이 접어요).

③ 반을 올려 접었다 펴요.

 완성!

④ 위쪽 모서리 한 장을 내려 접으면서 양쪽을 눌러 접어요.

나팔꽃

❶ 수국(61p) 3번 과정까지 접어요.

❷ 윗부분을 동그랗게 잘라요.

❸ 위쪽 모서리 한 장을 내려 접으면서 양쪽을 눌러 접어요.

완성!

초롱꽃 ★★☆

① 사각 주머니(16p)를 접은 다음, 뚫린 부분이 위로 가게 놓아요.

② 가운데에 맞춰서 한 장만 아이스크림 접기(13p) 해요 (뒷면도 똑같이 접어요).

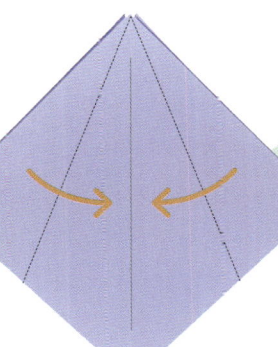

③ 화살표 틈에 손가락을 넣어 옆으로 벌리면서 눌러 접어요.

완성!

카네이션

꽃송이

1. 빨간색 색종이를 1/4 크기로 자른 다음, 뒷면이 보이게 놓고 세모로 접어요.

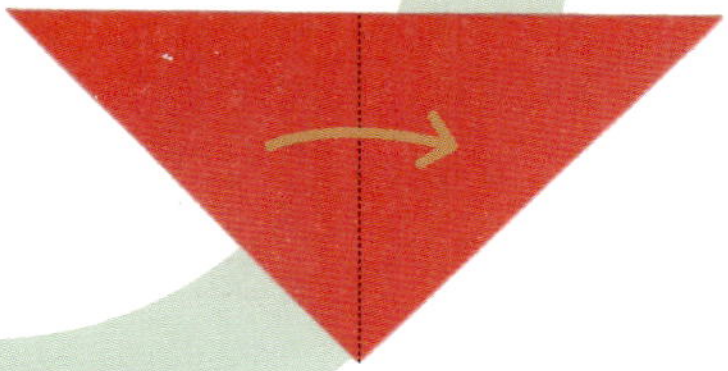

2. 반을 접어요.

3. ○끼리 만나도록 한 장만 접어요.

4. 같은 방법으로 꽃잎을 2장 더 접어요.

5. 3장을 겹쳐 붙이면 꽃송이 완성

꽃받침

6. 초록색 색종이로 3번 과정까지 접으면 꽃받침 완성

완성!

꽃송이와 꽃받침을 붙여요.

민들레

★★☆

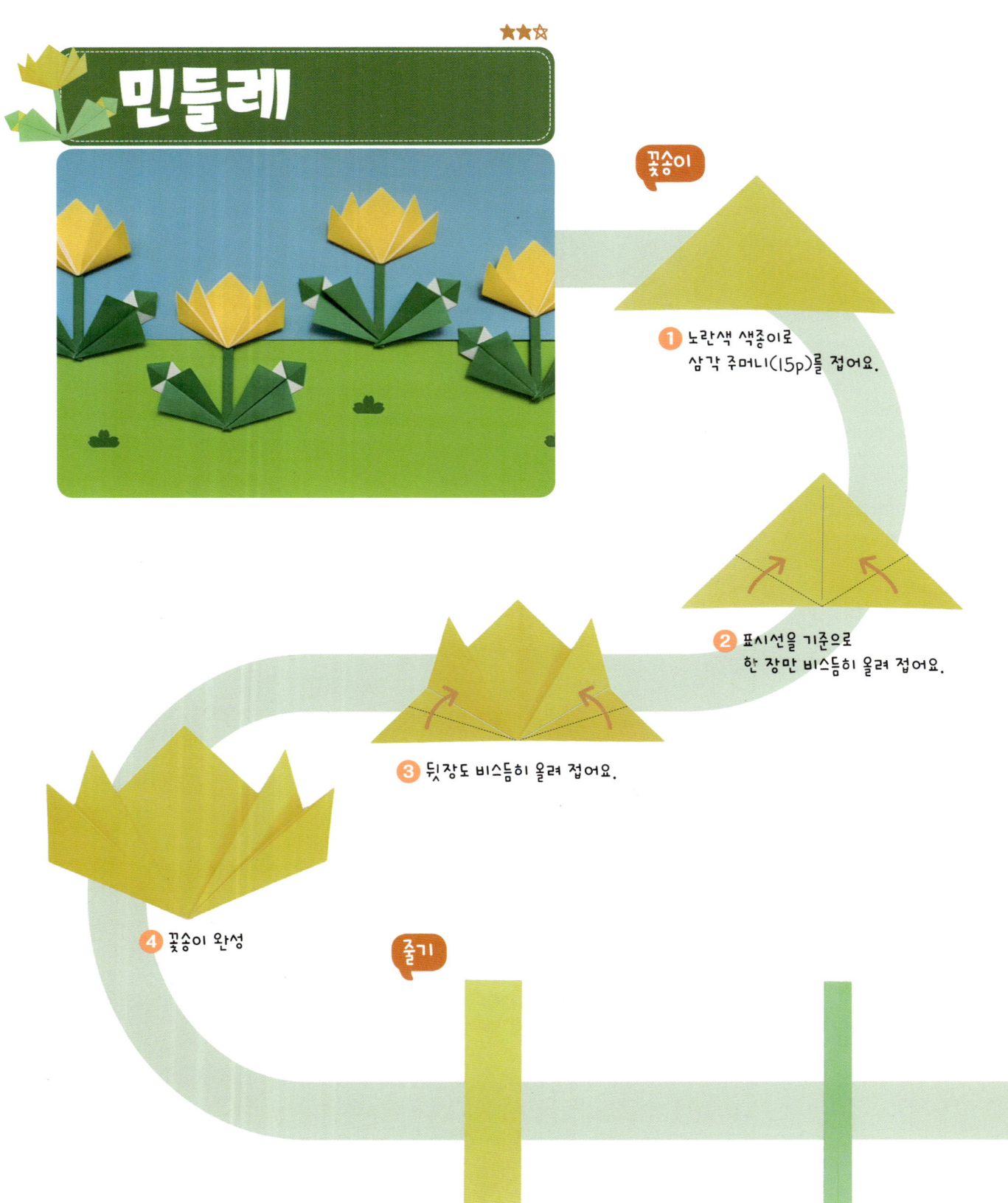

꽃송이

1. 노란색 색종이로 삼각 주머니(15p)를 접어요.
2. 표시선을 기준으로 한 장만 비스듬히 올려 접어요.
3. 뒷장도 비스듬히 올려 접어요.
4. 꽃송이 완성

줄기

5. 연두색 색종이를 1/8 크기로 자른 다음, 뒷면이 보이게 놓아요.
6. 문 접기(13p) 해요.

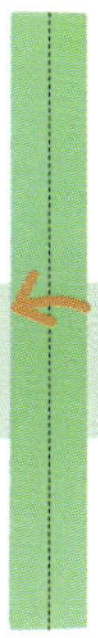

완성!

꽃송이와 줄기, 잎을 붙여요.

⑫ 같은 방법으로 잎을 1장 더 접어요.

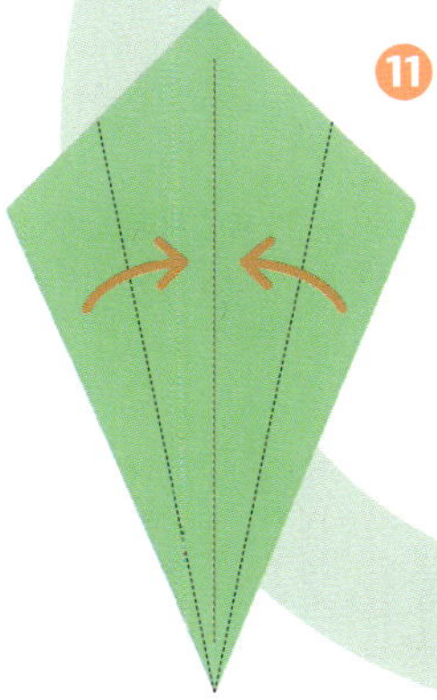

⑪ 양쪽을 표시선에 맞춰 접으면서 끝부분은 바깥으로 펼쳐요.

잎

⑩ 아이스크림 접기(13p) 한 다음, 가로로 뒤집어요.

⑨ 연두색 색종이를 1/4 크기로 자른 다음, 뒷면이 보이게 놓아요.

⑦ 반을 접어요.

⑧ 줄기 완성

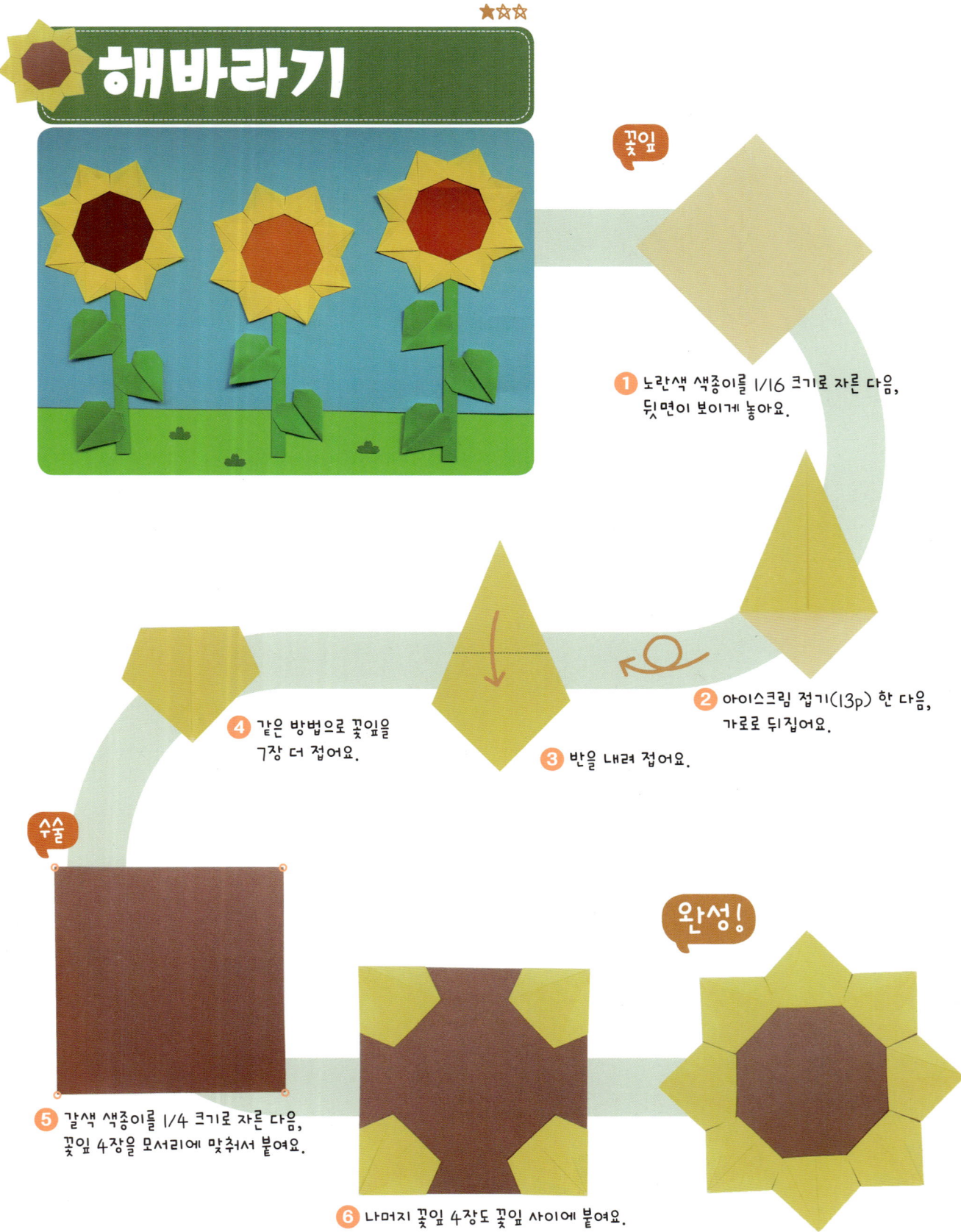

나뭇잎

★☆☆

1. 색종이를 1/4 크기로 자른 다음, 나뭇잎 색이 보이게 놓아요.
2. 세모로 접어요.
3. 아래쪽을 비스듬히 올려 접어요.
4. 한 장만 비스듬히 내려 접어요.
5. 위아래 모서리를 뒤로 조금만 넘겨 접어요.

완성!

눈 내린 나무

뾰족한 나무

① 초록색 면이 안쪽으로 가도록 사각 주머니(16p)를 접은 다음, 뚫린 부분이 아래로 가게 놓아요.

② 위쪽에 조금 간격을 두고 아래쪽 모서리를 한 장만 올려 접어요 (뒷면도 똑같이 접어요).

③ 오른쪽 한 장만 왼쪽으로 넘겨 접은 다음, 2번과 똑같이 올려 접어요 (뒷면도 똑같이 접어요).

④ 같은 방법으로 뾰족한 나무를 2장 더 접어요.

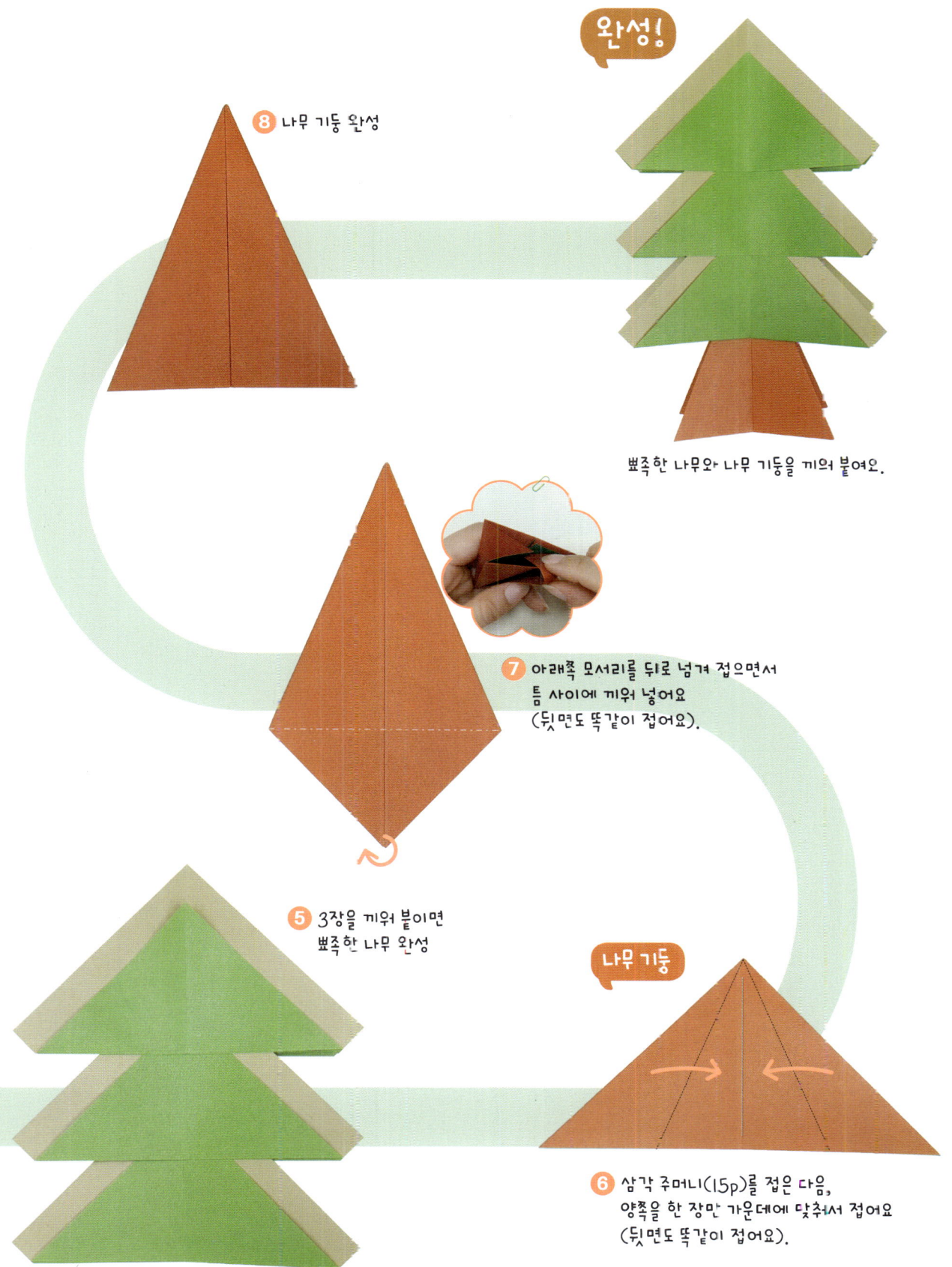

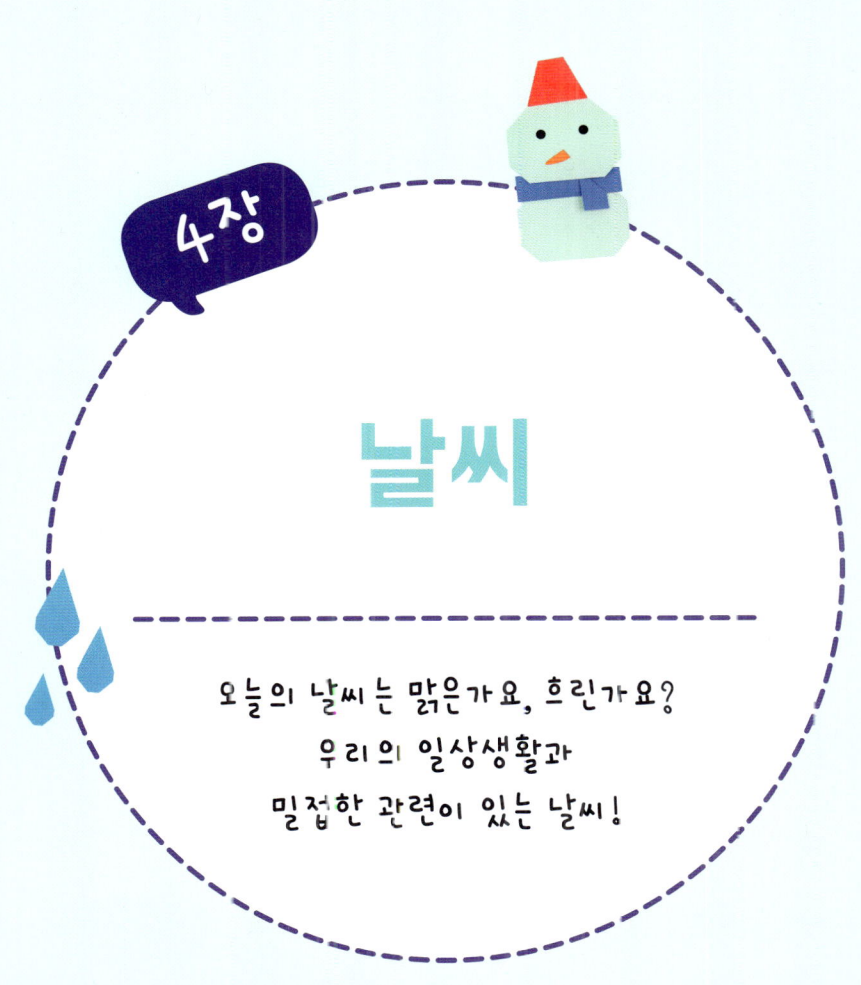

4장

날씨

오늘의 날씨는 맑은가요, 흐린가요?
우리의 일상생활과
밀접한 관련이 있는 날씨!

달

★★☆

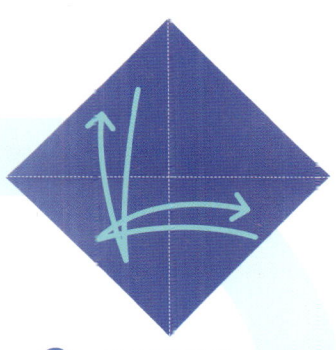

❶ 대각선으로 접었다 펴요.

❷ 양쪽을 표시선에 맞춰서 접어요.

❸ 반을 내려 접어요.

❹ 한 장만 적당히 올려 접어요.

❺ 반을 접어요.

❻ ○부분을 양손으로 잡아당겨서 왼쪽만 살짝 펼친 다음 눌러 접어요.

완성!

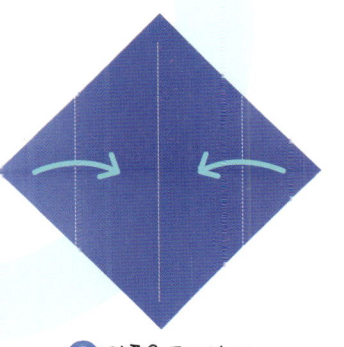

구름

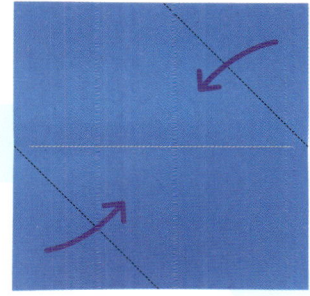

① 반 접었다 편 다음, 대각선 모서리를 표시선에 맞춰서 접어요.

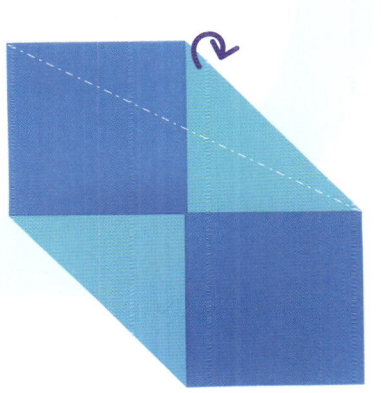

② 위쪽을 뒤로 비스듬히 넘겨 접어요.

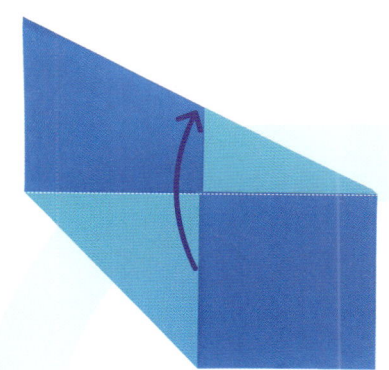

③ 반을 올려 접어요.

④ 네 모서리를 뒤로 적당히 넘겨 접어요.

완성!

빗방울

★★☆

① 색종이를 1/16 크기로 자른 다음, 아이스크림 접기(13p) 해요.

② 아래쪽의 세 모서리를 조금만 접어요.

③ 가로로 뒤집어요.

완성!

눈사람 ①

★★☆

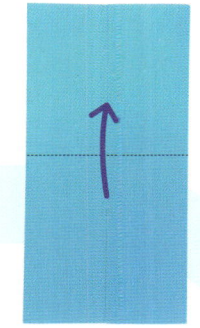

❶ 문 접기(13p) 한 다음, 반을 올려 접어요.

❷ 아래쪽 모서리를 조금만 접었다 펴요.

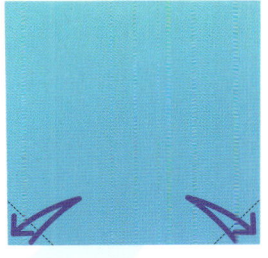

❸ 표시선을 따라 안으로 넣어 접어요.

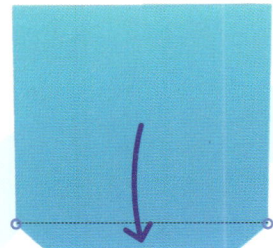

❹ ○를 기준으로 한 장을 내려 접어요.

❺ 위쪽을 조금만 내려 접어요.

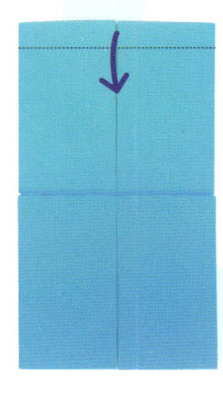

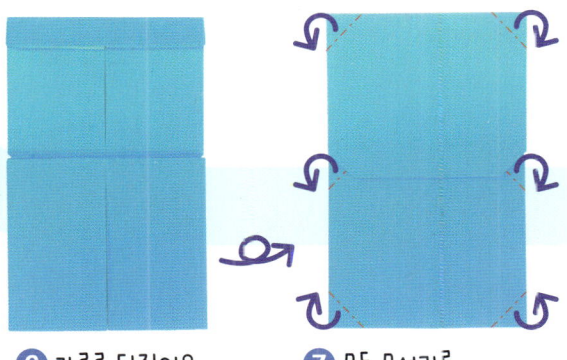

❻ 가로로 뒤집어요.

❼ 모든 모서리를 뒤로 조금만 넘겨 접어요.

눈사람 ②

★☆☆

눈사람

1 색종이를 1/4 크기로 자른 다음, 방석 접기(14p) 해요.

2 아래쪽만 남기고 모두 펼쳐요.

3 세 모서리를 표시선에 맞춰서 접어요.

4 가로로 뒤집어요.

5 같은 방법으로 1장 더 접어요.

모자

6 색종이를 1/4 크기로 자른 다음, 세모로 접어요.

7 ○끼리 만나도록 접었다 펴요.

8 ○끼리 만나도록 접어요.

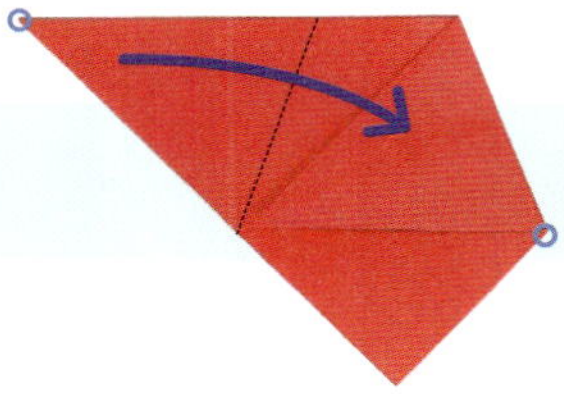

완성!

⑯ 자른 부분을 비스듬히 내려 접어요.

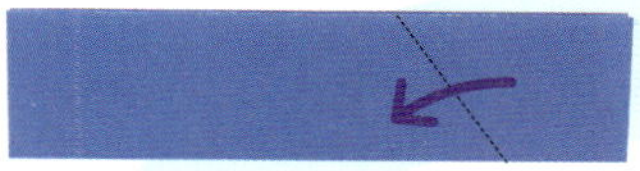

⑰ 목도리 완성

눈사람 몸통, 목도리, 눈사람 얼굴, 모자 순으로 붙여요.

⑮ 반을 올려 접어요.

목도리

⑭ 가운데 1/3 정도를 가위로 잘라요.

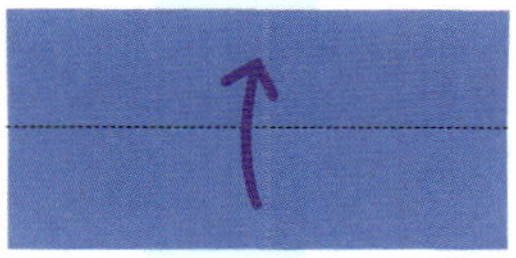

⑬ 색종이를 1/4 크기로 자른 다음, 문 접기(13p) 해요.

⑫ 모자 완성

⑪ 가로로 뒤집어요.

⑨ ○끼리 만나도록 접어요.

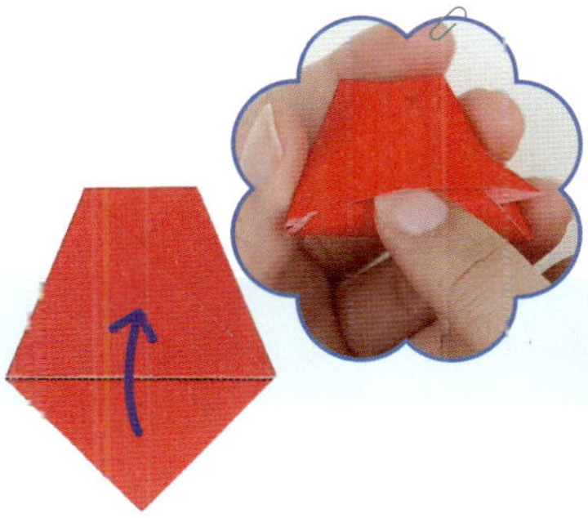

⑩ 아래쪽을 올려 접으면서 틈 사이에 끼워 넣어요.

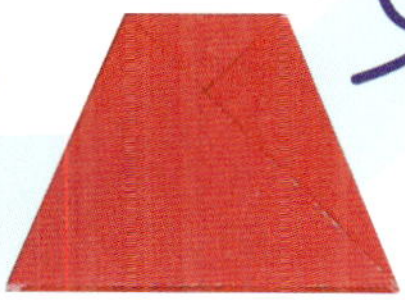

5장

음식

달콤한 사탕과 아이스크림,
시원한 수박과 고소한 옥수수.
우리 몸에 에너지를 공급해주는
맛있는 음식!

사탕 ①

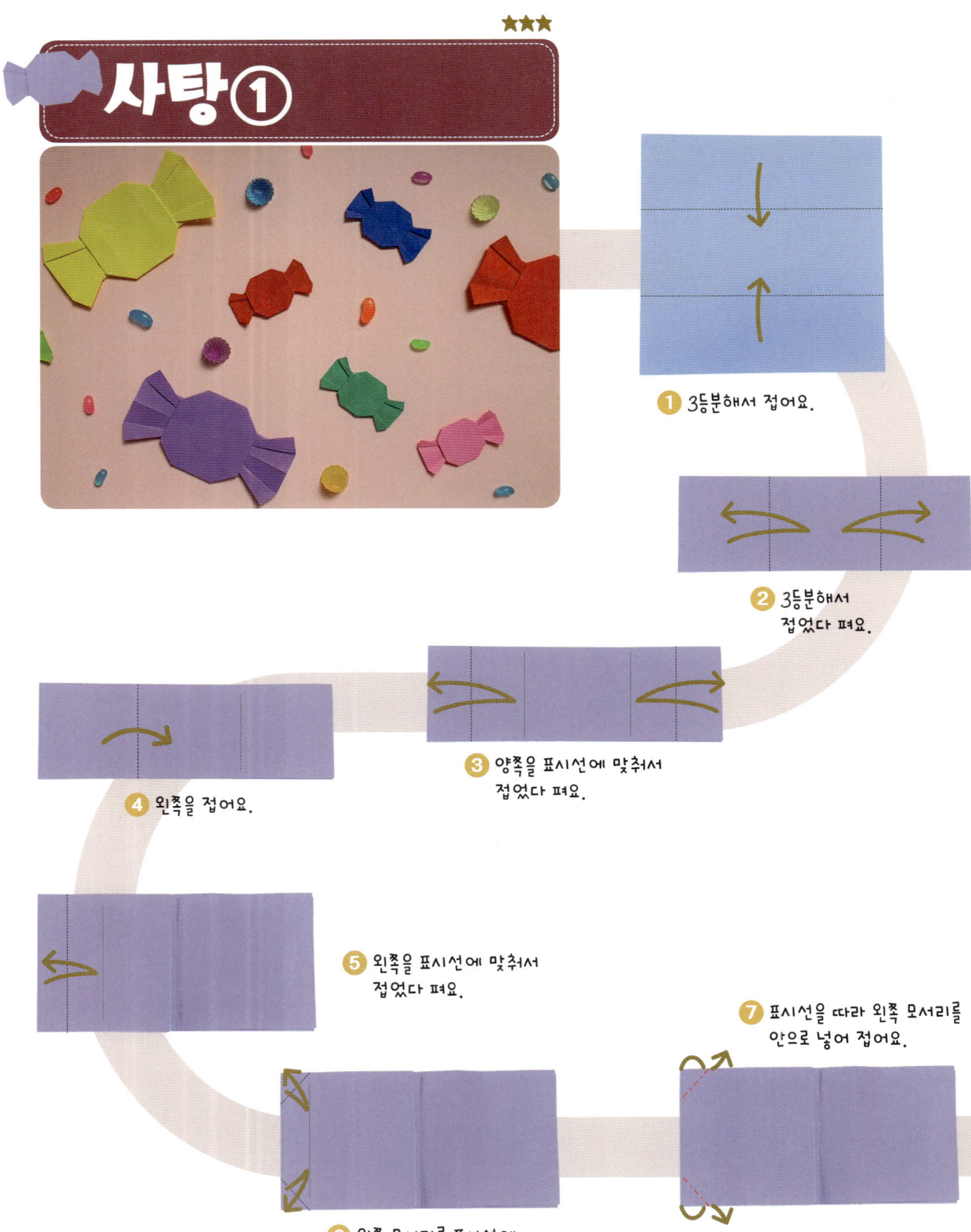

1. 3등분해서 접어요.
2. 3등분해서 접었다 펴요.
3. 양쪽을 표시선에 맞춰서 접었다 펴요.
4. 왼쪽을 접어요.
5. 왼쪽을 표시선에 맞춰서 접었다 펴요.
6. 왼쪽 모서리를 표시선에 맞춰서 접었다 펴요.
7. 표시선을 따라 왼쪽 모서리를 안으로 넣어 접어요.

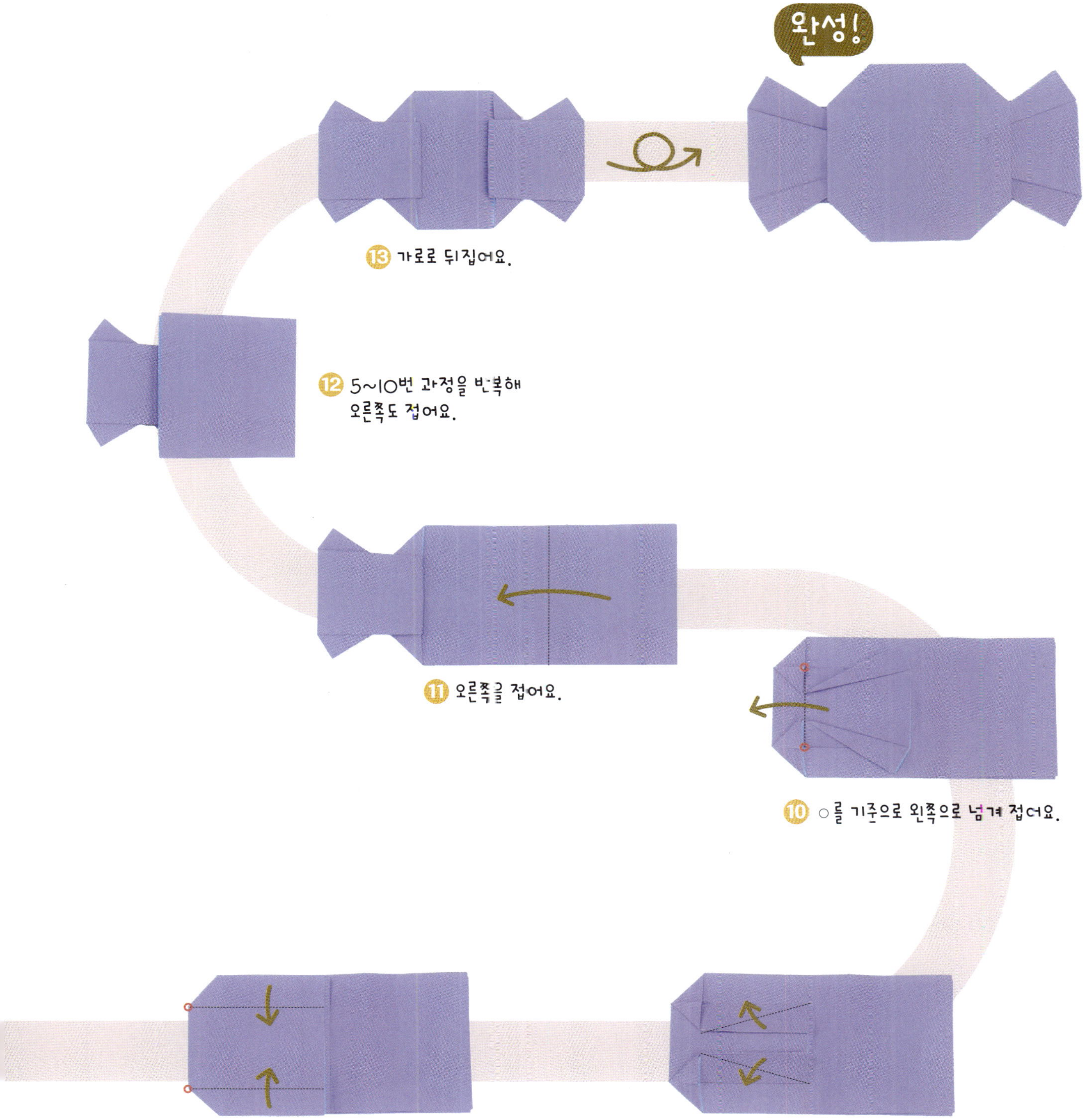

완성!

13 가로로 뒤집어요.

12 5~10번 과정을 반복해 오른쪽도 접어요.

11 오른쪽을 접어요.

10 ○를 기준으로 왼쪽으로 넘겨 접어요.

8 ○를 기준으로 위아래를 한 장만 안쪽으로 접어요.

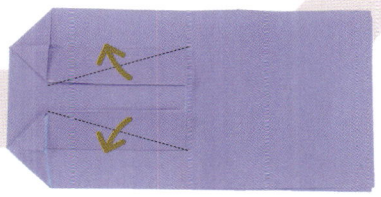

9 위아래를 비스듬히 펼쳐 접어요.

사탕 ②

사탕 ⓐ

1. 색종이를 1/4 크기로 자른 다음, 방석 접기(14p) 해요.
2. 양쪽을 펼쳐요.
3. 양쪽 모서리를 표시선에 맞춰서 접어요.
4. 가로로 뒤집어요.
5. 사탕 ⓐ 완성

사탕 ⓑ

6. 색종이를 1/4 크기로 자른 다음, 잔디(59p)를 2장 접어요.
7. 윗부분을 동그랗게 잘라요.
8. 사탕 ⓑ 완성

완성!

사탕 ⓐ의 양쪽에 ⓑ를 붙여요.

아이스크림

1. 아이스크림 접기(13p)부터 시작해요.
2. ○끼리 만나도록 비스듬히 접어요.
3. 가로로 뒤집어요.
4. 위쪽 모서리를 조금만 접어요.
5. 양쪽 모서리를 비스듬히 조금만 접어요.
6. 가로로 뒤집어요.

완성!

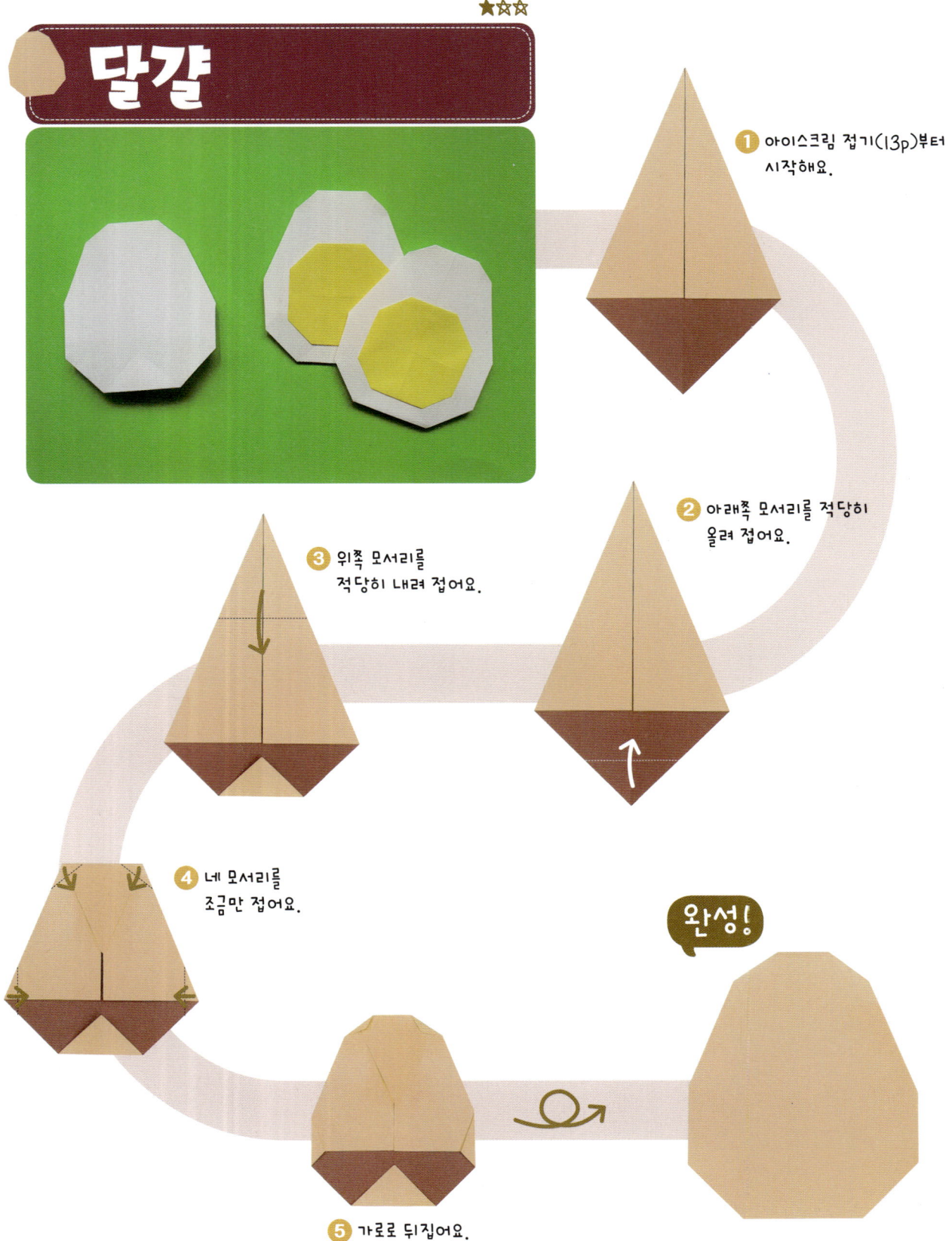

삼각김밥

★☆☆

1. 방석 접기(14p) 했다가 편 다음, 세 모서리를 표시선에 맞춰서 접어요.
2. 한 번 더 안쪽으로 접어요.
3. 가로로 뒤집어요.
4. 반을 올려 접어요.
5. 위쪽 모서리를 표시선에 맞춰서 접어요.
6. 가로로 뒤집어요.

완성!

사과 & 사과 조각

사과

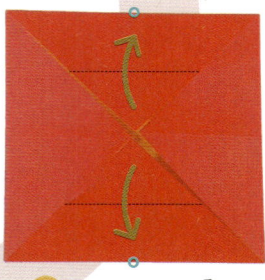

① 방석 접기(14p)부터 시작해요.

② 위아래 모서리를 ○와 만나도록 접어요.

③ 네 모서리를 ○와 만나도록 접어요.

④ 2번에서 접은 부분을 다시 펼쳐요.

⑤ 윗부분 가운데를 조금만 가위로 잘라요.

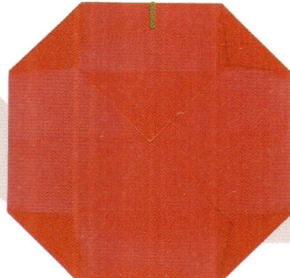

⑥ 자른 부분을 비스듬히 내려 접어요.

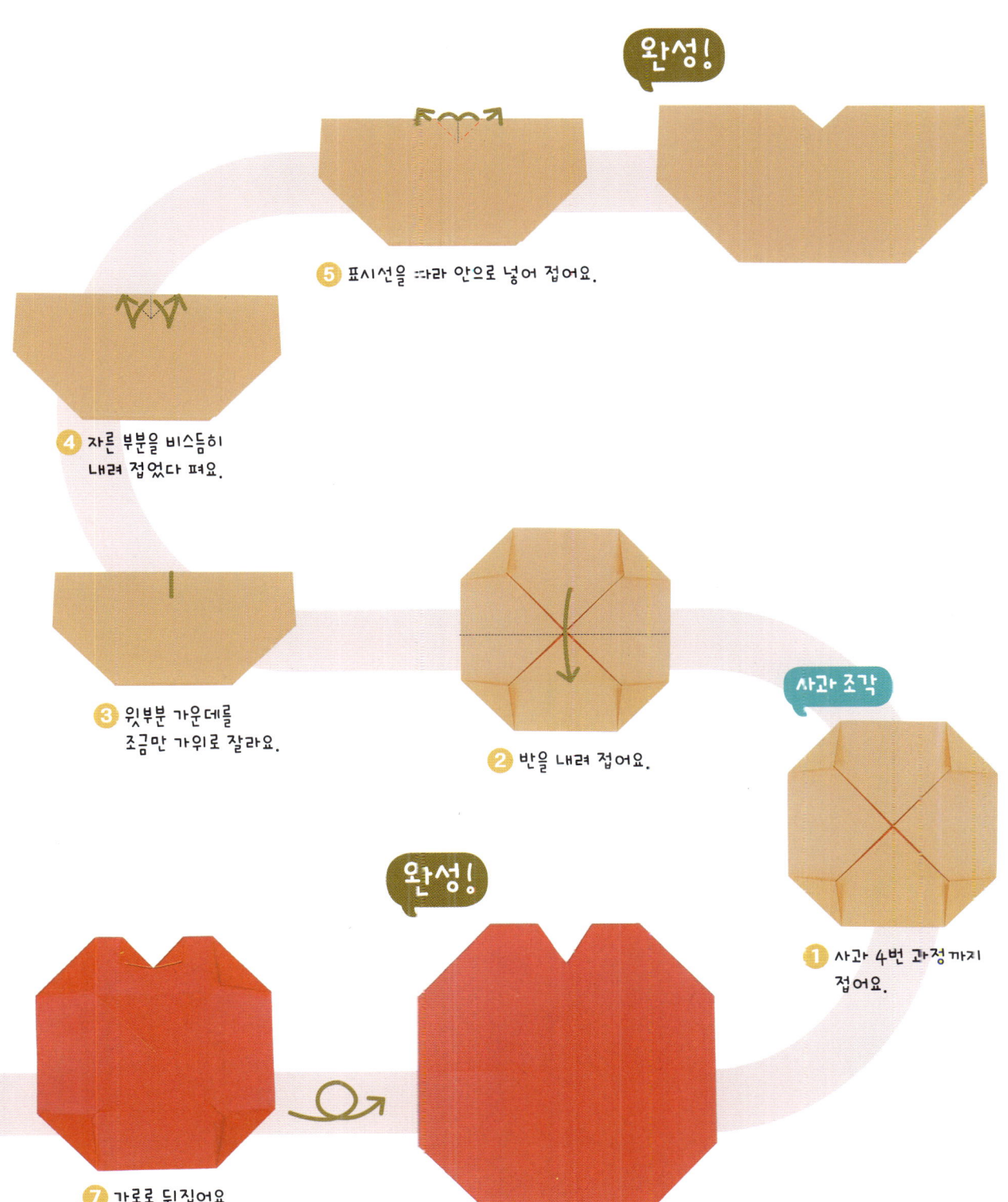

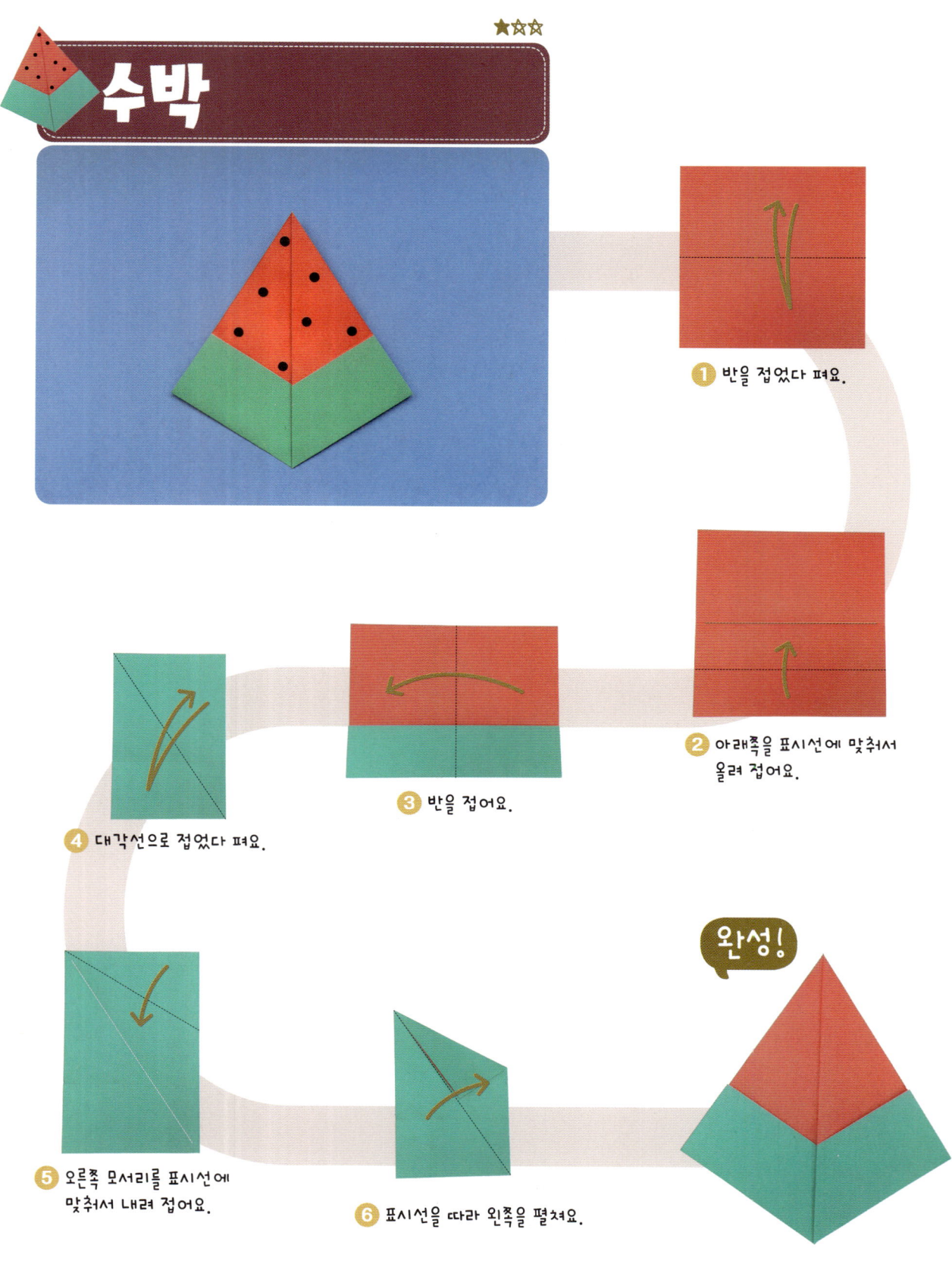

딸기 ★☆☆

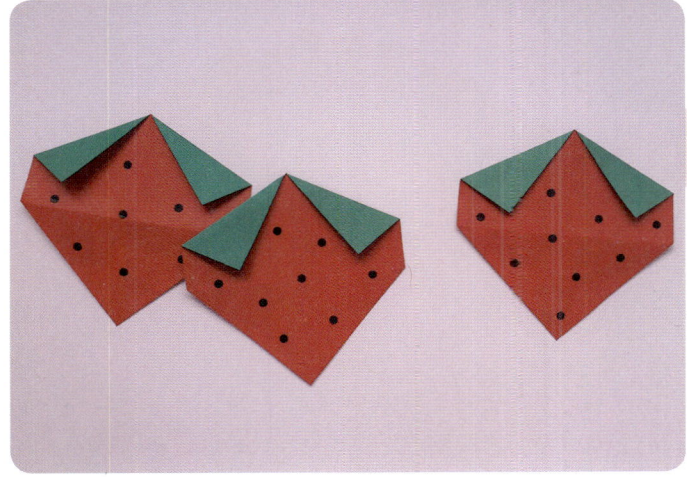

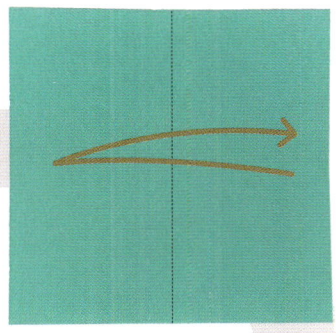

❶ 색종이를 1/4 크기로 자른 다음, 반을 접었다 펴요.

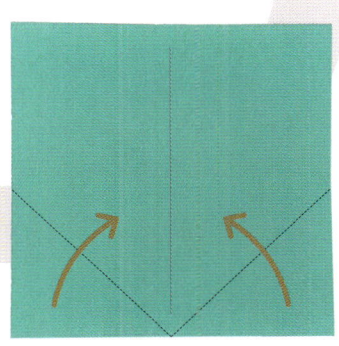

❷ 아래쪽 모서리를 표시선에 맞춰서 접어요.

❸ 가로로 뒤집어요.

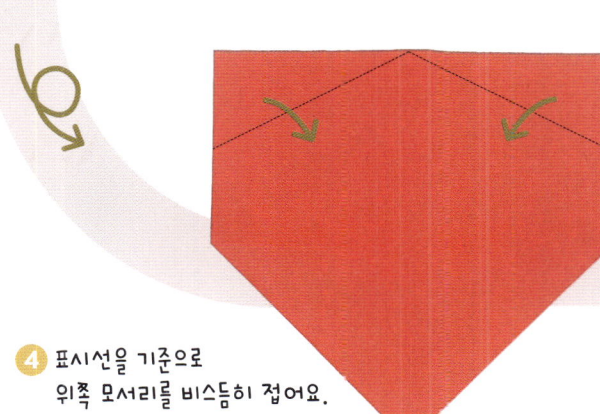

❹ 표시선을 기준으로 위쪽 모서리를 비스듬히 접어요.

완성!

포도

★★☆

포도알

① 색종이를 1/4 크기로 자른 다음, 방석 접기(14p)부터 시작해요.

② 방석 접기해요.

③ 위아래 모서리를 ○와 만나도록 접어요.

④ 네 모서리를 ○와 만나도록 접어요.

⑤ 3번에서 접었던 부분을 다시 펼쳐요.

⑥ 가로로 뒤집어요.

⑦ 같은 방법으로 1장 더 접어요.

완성!

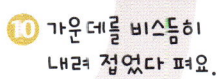

포도알과 포도 줄기를 붙여요.

포도 접기를 응용하여 체리도 만들어보세요!

⑪ 표시선을 따라 안으로 넣어 접어요.

⑫ 포도 줄기 완성

⑩ 가운데를 비스듬히 내려 접었다 펴요.

포도 줄기

⑧ 색종이를 1/8 크기로 자른 다음, 문 접기(13p) 해요.

⑨ 반을 내려 접어요.

알밤 ★★★

1. 색종이를 1/4 크기로 자른 다음, 가로세로로 접었다 펴요.
2. 아래쪽을 표시선에 맞춰서 올려 접어요.
3. 가로로 뒤집어요.
4. 위쪽 모서리를 표시선에 맞춰서 접어요.
5. 아래쪽 모서리를 표시선에 맞춰서 접어요.
6. 양쪽 모서리를 ○와 만나도록 접어요.
7. 가로로 뒤집어요.

완성!

도토리

★☆☆

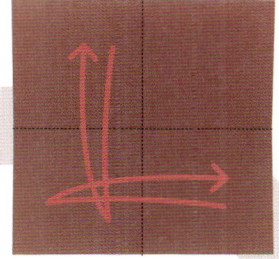

① 색종이를 1/4 크기로 자른 다음, 가로세로로 접었다 펴요.

② 아래쪽을 표시선에 맞춰서 올려 접어요.

③ 가로로 뒤집어요.

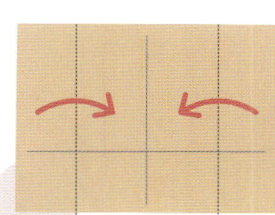

④ 양쪽을 표시선에 맞춰서 접어요.

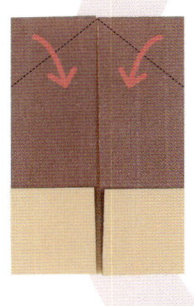

⑤ 위쪽 모서리를 가운데에 맞춰서 접어요.

⑥ 아래쪽 모서리를 조금만 올려 접어요.

⑦ 가로로 뒤집어요.

완성!

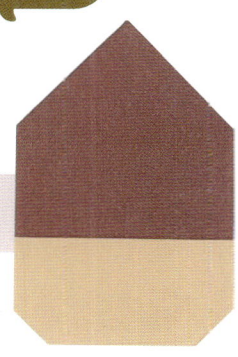

옥수수 ★☆☆

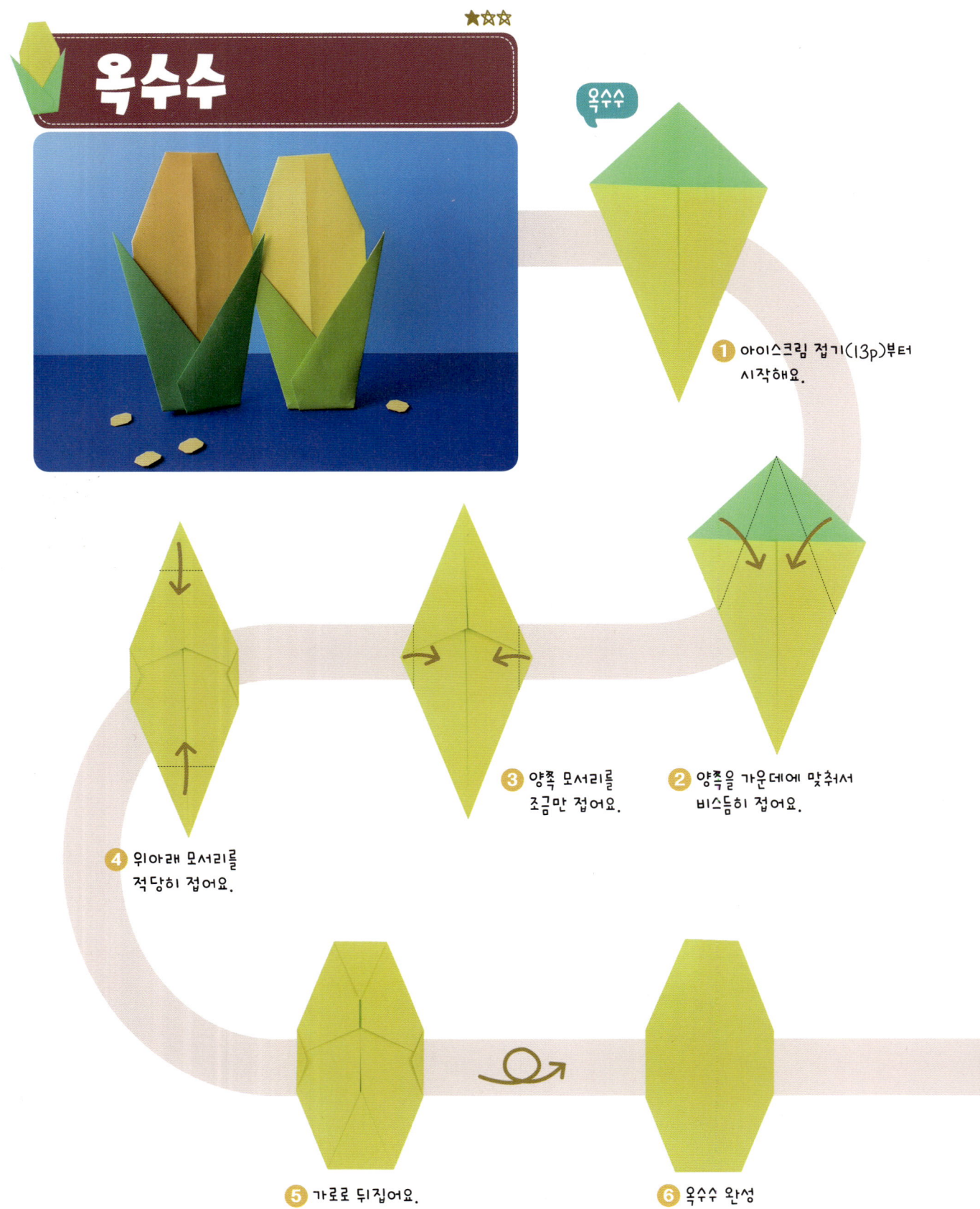

1. 아이스크림 접기(13p)부터 시작해요.
2. 양쪽을 가운데에 맞춰서 비스듬히 접어요.
3. 양쪽 모서리를 조금만 접어요.
4. 위아래 모서리를 적당히 접어요.
5. 가로로 뒤집어요.
6. 옥수수 완성

⑪ 옥수수를 옥수수 잎 사이에 끼워 넣은 다음, 아래쪽 모서리를 뒤로 넘겨 접어요.

완성!

⑨ 같은 방법으로 옥수수 잎을 1장 더 접어요.

⑩ 1장의 안쪽에 풀칠한 다음, 2장을 V자 모양으로 붙이면 옥수수 잎 완성

옥수수 잎

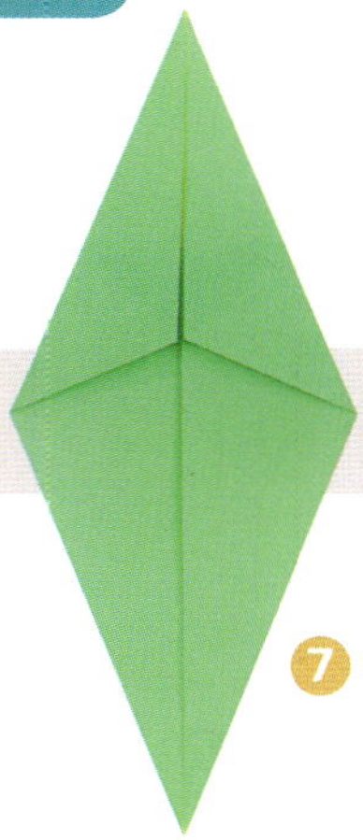

⑦ 옥수수 2번 과정까지 접어요.

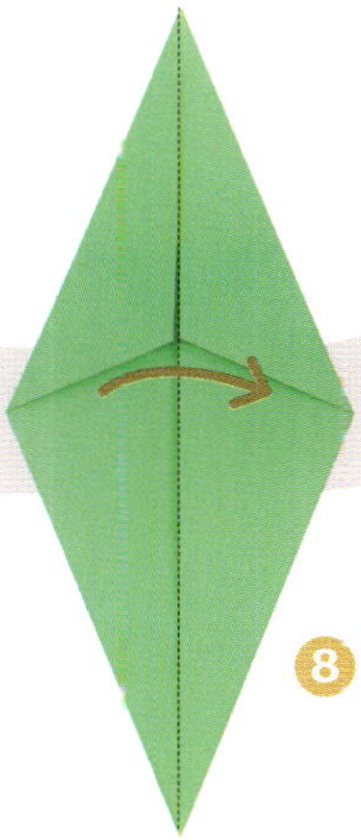

⑧ 반을 접어요.

완두콩

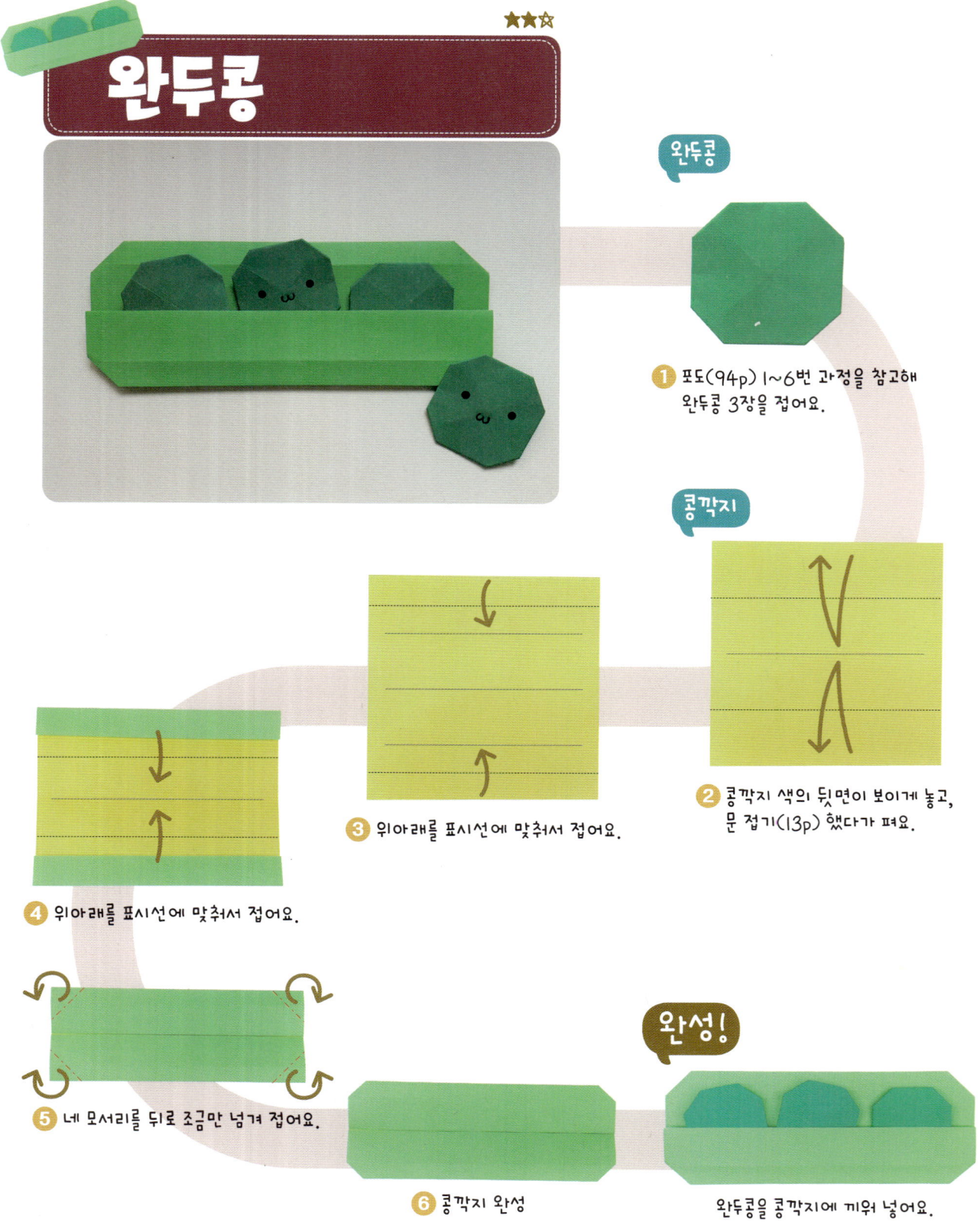

완두콩

① 포도(94p) 1~6번 과정을 참고해 완두콩 3장을 접어요.

콩깍지

② 콩깍지 색의 뒷면이 보이게 놓고, 문 접기(13p) 했다가 펴요.

③ 위아래를 표시선에 맞춰서 접어요.

④ 위아래를 표시선에 맞춰서 접어요.

⑤ 네 모서리를 뒤로 조금만 넘겨 접어요.

⑥ 콩깍지 완성

완성!

완두콩을 콩깍지에 끼워 넣어요.

호박 ★★☆

❶ 사각 주머니(16p)를 접어요.

❷ 양쪽 한 장만 가운데에 맞춰서 뒤로 넘겨 접어요.

❸ 윗부분도 가운데에 맞춰서 뒤로 넘겨 접어요.

❹ 위아래 모서리를 뒤로 적당히 넘겨 접어요.

❺ 양쪽 모서리를 뒤로 적당히 넘겨 접어요.

완성!

6장 사람과 의복

우리 삶에 없어서는 안 되는 의복!
모자부터 신발까지
나만의 패션을 완성해보아요.

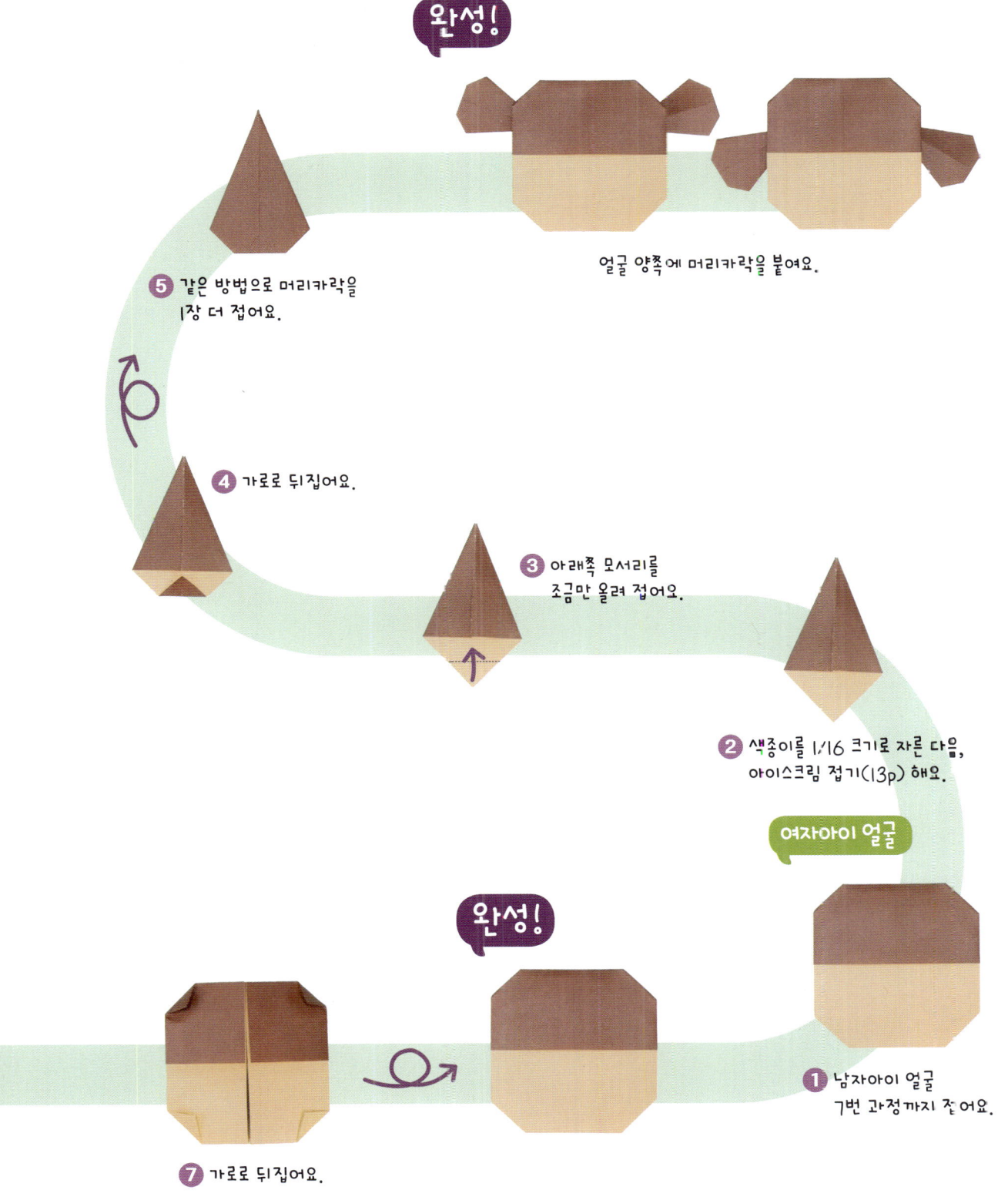

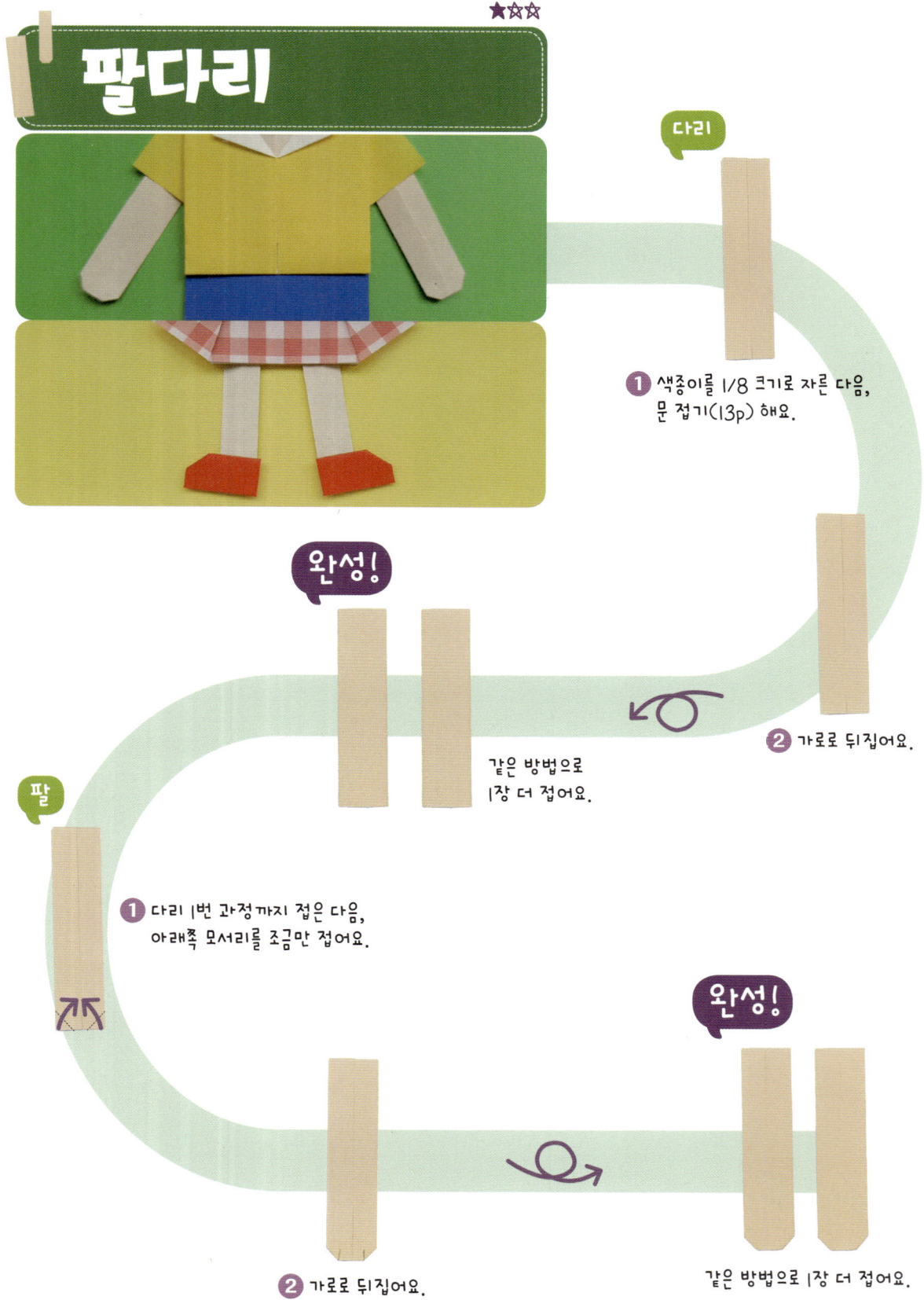

모자

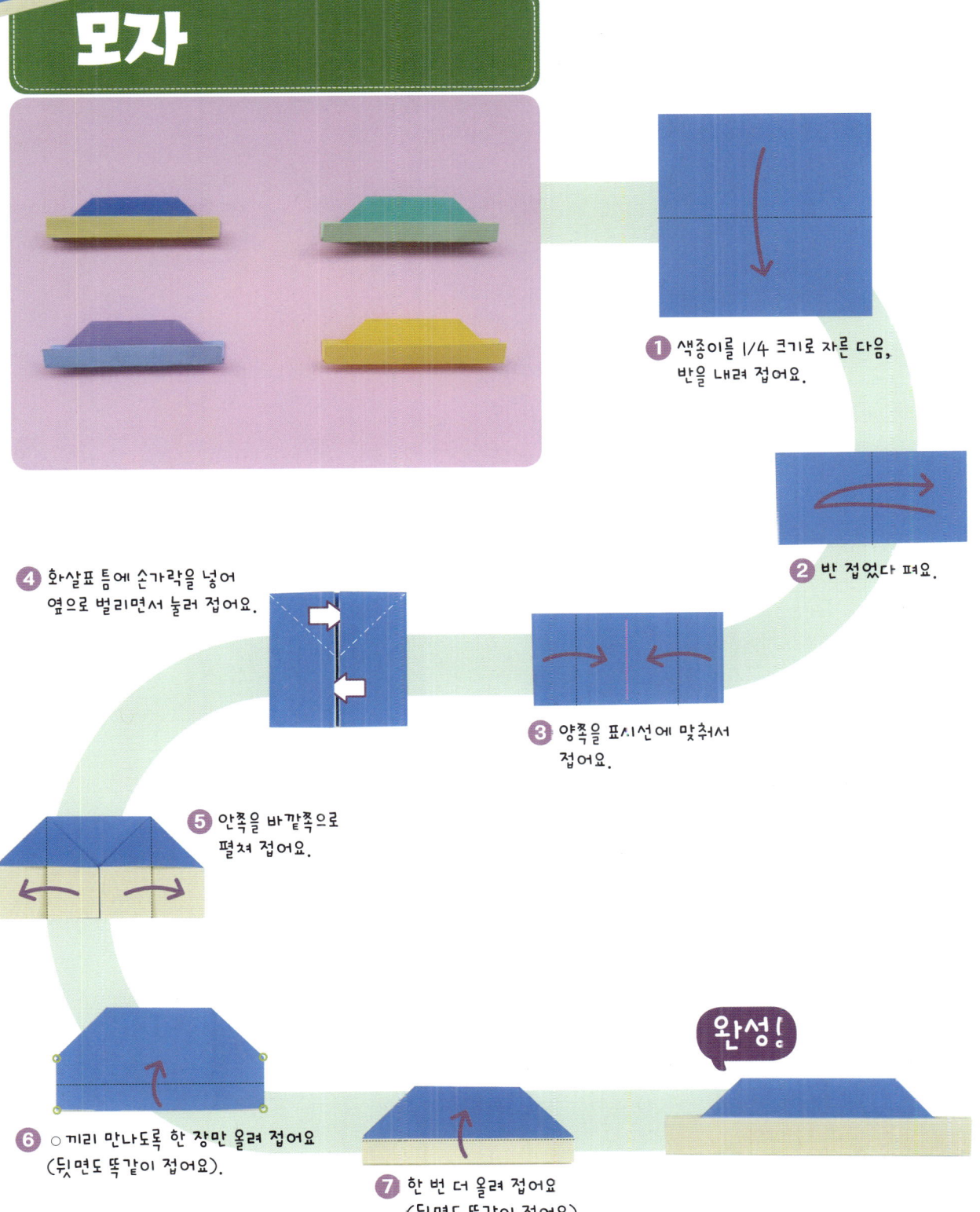

1. 색종이를 1/4 크기로 자른 다음, 반을 내려 접어요.
2. 반 접었다 펴요.
3. 양쪽을 표시선에 맞춰서 접어요.
4. 화살표 틈에 손가락을 넣어 옆으로 벌리면서 눌러 접어요.
5. 안쪽을 바깥쪽으로 펼쳐 접어요.
6. ○끼리 만나도록 한 장만 올려 접어요 (뒷면도 똑같이 접어요).
7. 한 번 더 올려 접어요 (뒷면도 똑같이 접어요).

완성!

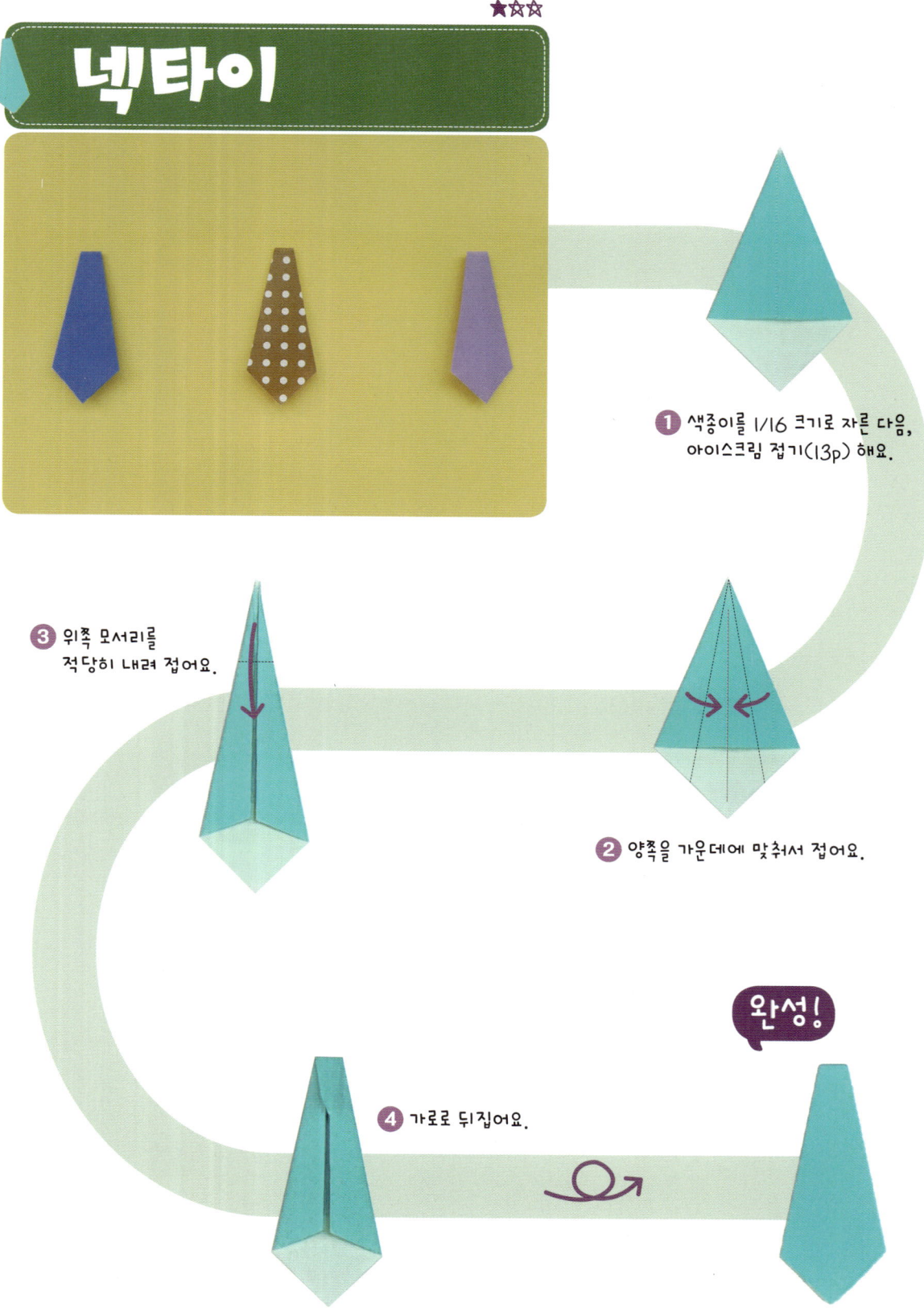

바지 ★☆☆

❶ 문 접기(13p)부터 시작해요.

❷ 반을 내려 접어요.

❸ 가운데를 아래쪽부터 2/3 정도 가위로 잘라요.

❹ 자른 부분을 뒤로 비스듬히 넘겨 접어요.

완성!

 치마 ★☆☆

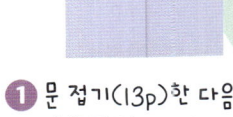

❶ 문 접기(13p)한 다음, 반을 접었다 펴요.

❷ 위쪽을 표시선에 맞춰서 접었다 펴요.

❸ 위쪽 표시선부터 아래쪽 모서리까지 비스듬히 펼쳐 접어요.

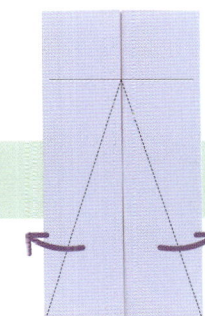

❹ 가운데 표시선을 따라 위쪽을 뒤로 넘겨 접어요.

❺ 위쪽 모서리를 뒤로 넘겨 접어요.

완성!

한복 저고리

★★☆

팔

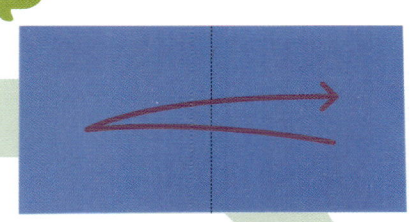

❶ 색종이를 1/2 크기로 자른 다음, 반을 접었다 펴요.

❷ 위쪽을 조금만 내려 접어요.

❸ 가운데를 기준으로 아래쪽을 비스듬히 올려 접어요.

❹ 아래쪽 모서리를 적당히 올려 접어요.

❺ 가로로 뒤집어요.

❻ 팔 완성

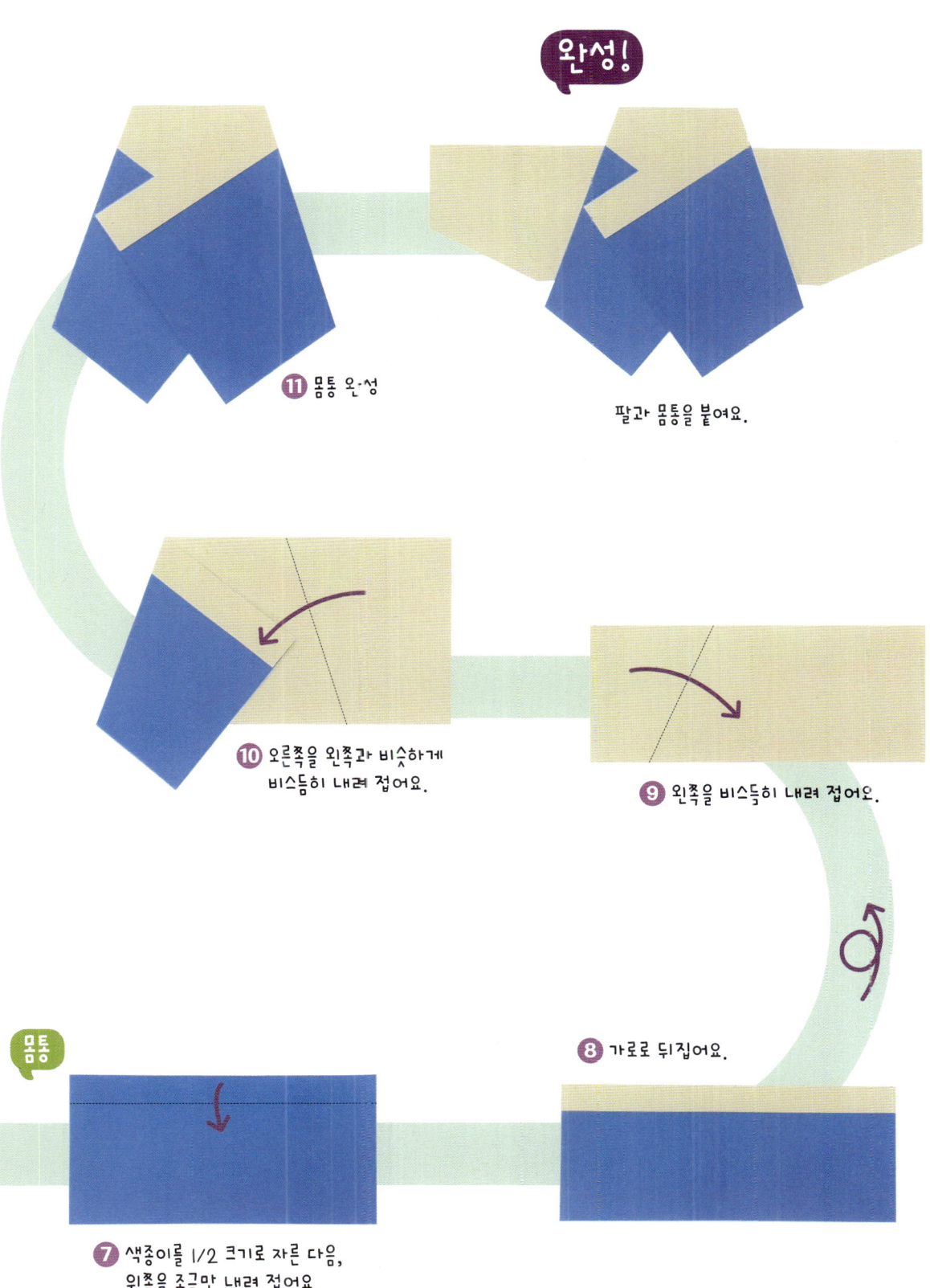

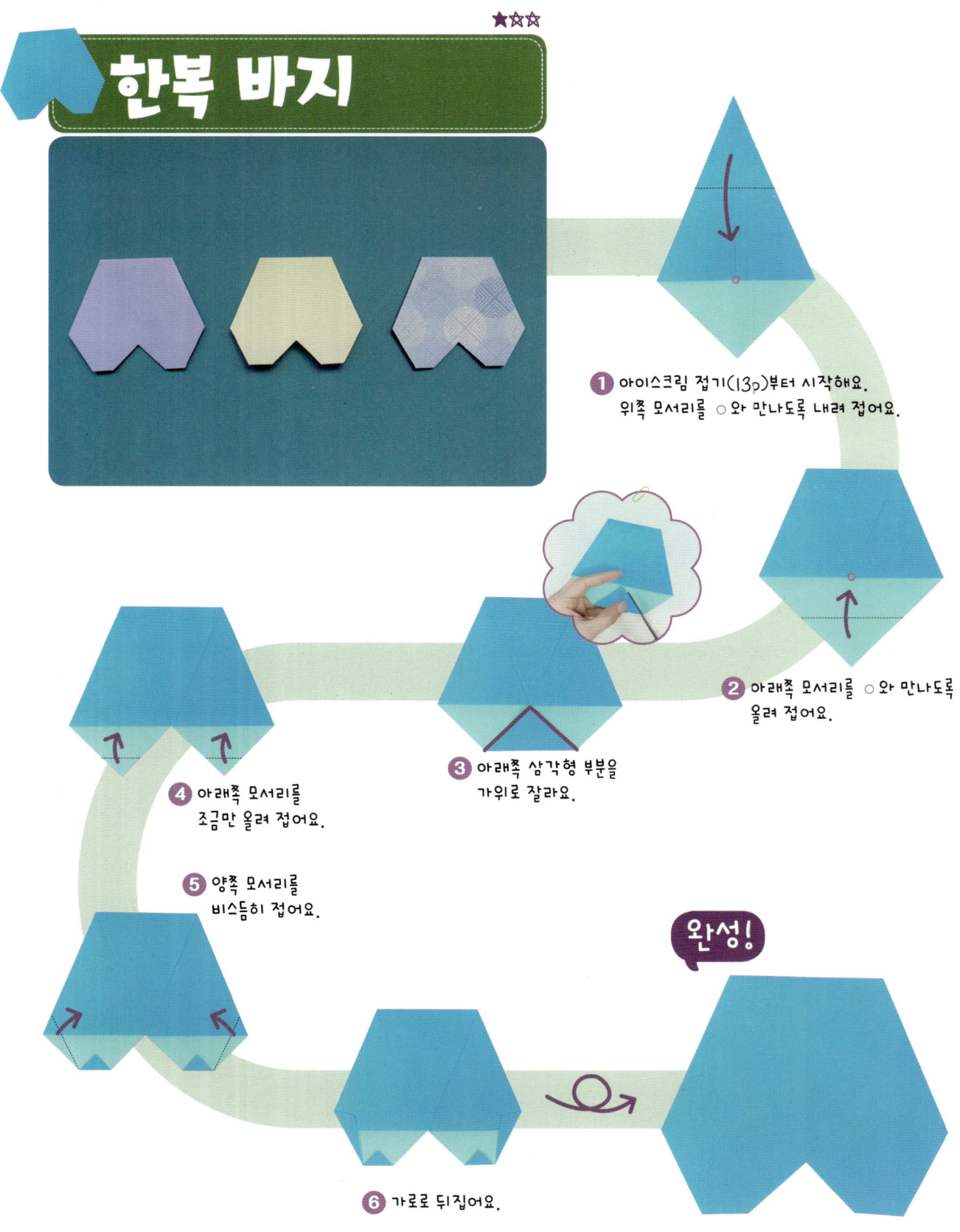

한복 치마

★☆☆

① 아이스크림 접기(13p)부터 시작해요.

② 위쪽 모서리를 ㄱ-오-만나도록 내려 접어요.

③ 아래쪽 모서리를 적당히 올려 접어요.

④ 가로로 뒤집어요.

완성!

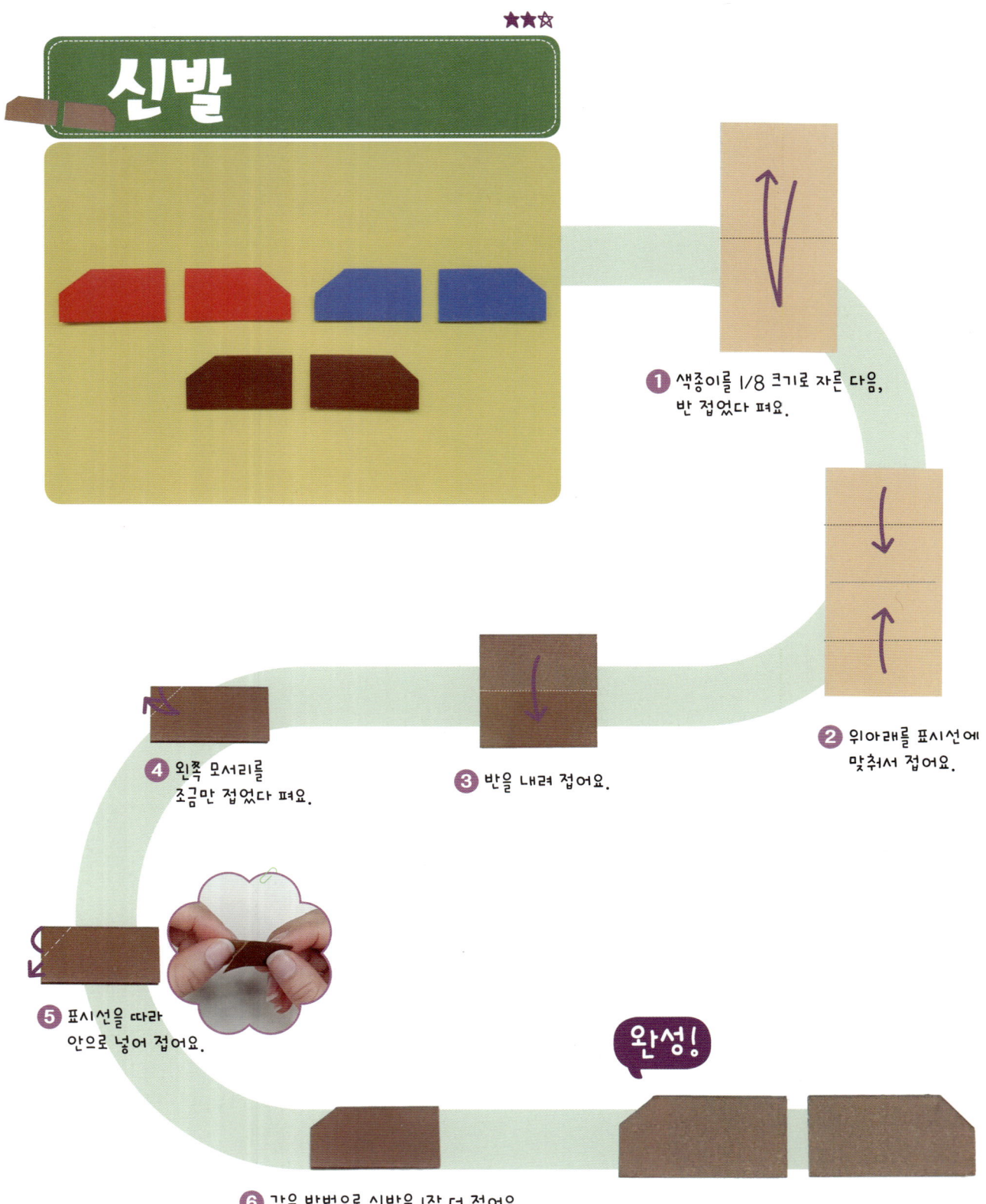

116 / 117

7장 특별한 날

1년에 한 번뿐인 설날과 크리스마스! 종이접기 작품으로 예쁘게 꾸며 보세요.

복조리

★★☆

❶ 방석 접기(14p)부터 시작해요.

❷ 오른쪽 삼각형 부분에 풀칠해요.

❸ 반을 올려 접어요.

❹ 오른쪽 모서리를 ○와 만나도록 접었다 펴요.

❺ 삼각형 부분에 풀칠한 다음 올려 접어요.

복주머니 ★★★

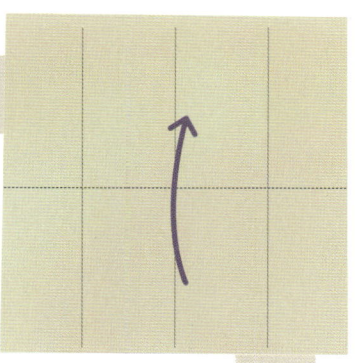

복주머니 몸통

❶ 문 접기(13p) 했다가 편 다음, 반을 올려 접어요.

❷ 위쪽 모서리부터 표시선까지 비스듬히 접었다 펴요.

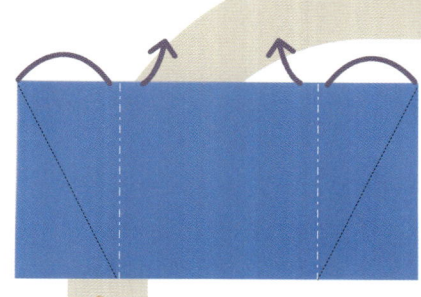

❸ 표시선을 따라 안으로 넣어 접어요 (뒷면도 똑같이 접어요).

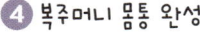

❹ 복주머니 몸통 완성

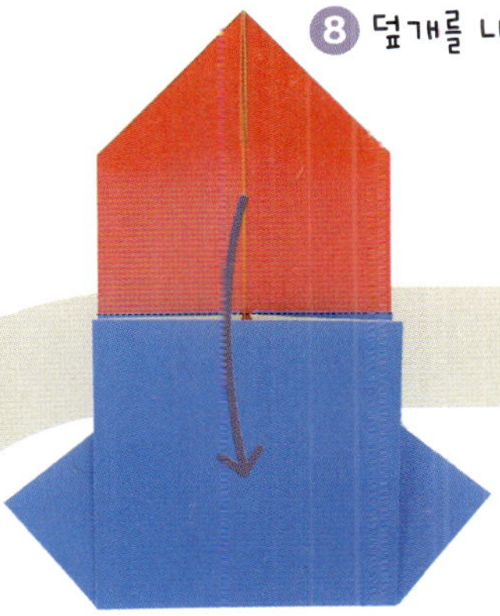

⑧ 덮개를 내려 접어요.

완성!

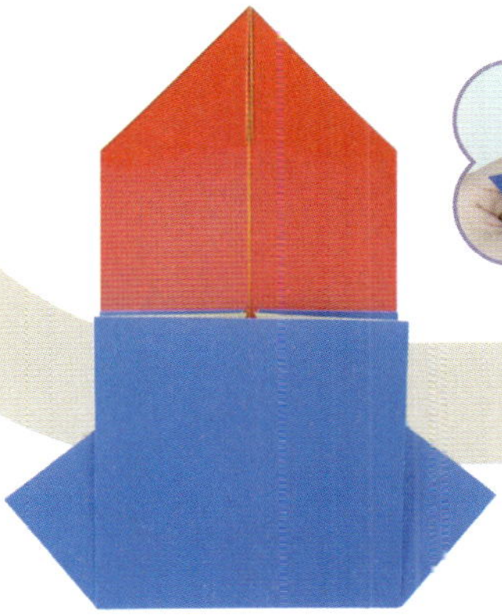

⑦ 복주머니 몸통 뒤쪽 틈 사이에 덮개를 끼워 넣어요.

복주머니 덮개

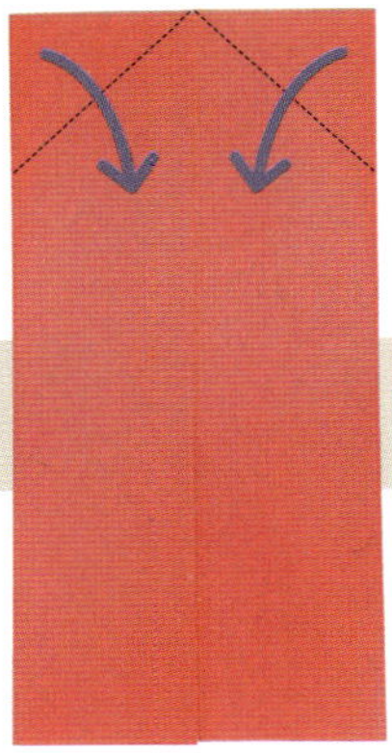

⑥ 복주머니 덮개 완성

⑤ 문 접기(13p)한 다음, 위쪽 모서리를 가운데에 맞춰서 접어요.

♥ 가랜드 ★☆☆

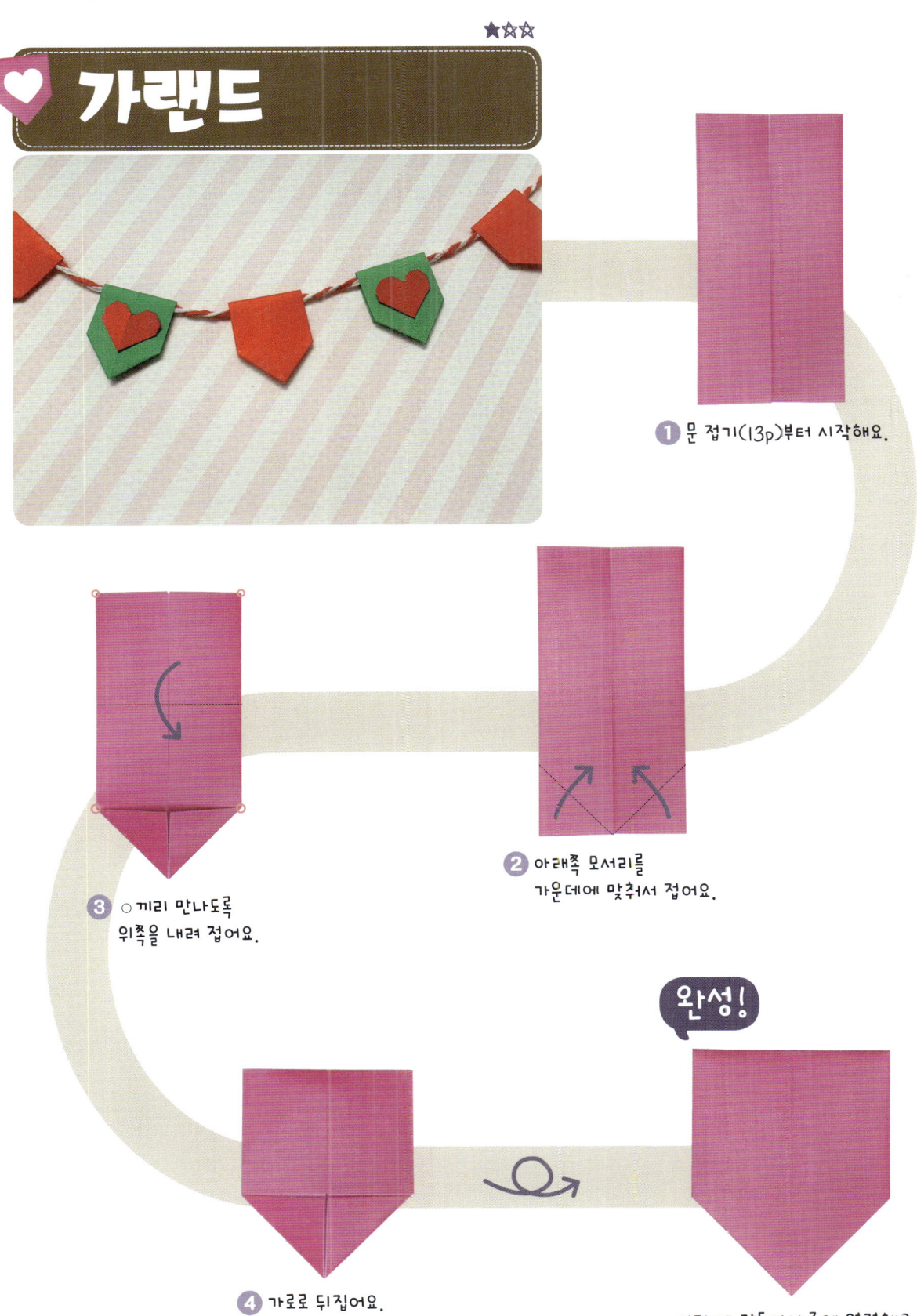

❶ 문 접기(13p)부터 시작해요.

❷ 아래쪽 모서리를 가운데에 맞춰서 접어요.

❸ ○끼리 만나도록 위쪽을 내려 접어요.

❹ 가로로 뒤집어요.

완성!

여러 개 만들어서 줄에 연결해요.

리스 ★☆☆

1. 아이스크림 접기(13p)부터 시작해요.
2. 아래쪽을 가운데에 맞춰서 비스듬히 접어요.
3. 가로로 뒤집어요.
4. 같은 방법으로 7장 더 접어요.
5. 하나씩 풀칠해서 이어 붙여요.

완성!

산타 모자 ★☆☆

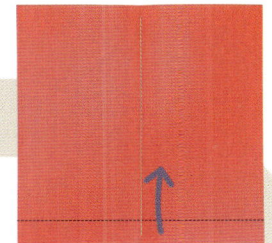
① 반을 접었다 편 다음, 아래쪽을 조금만 올려 접어요.

② 가로로 뒤집어요.

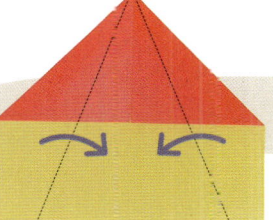
③ 위쪽 모서리를 표시선에 맞춰서 접어요.

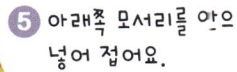
④ 양쪽을 가운데에 맞춰서 접어요.

⑤ 아래쪽 모서리를 안으로 넣어 접어요.

⑥ 가로로 뒤집어요.

⑦ 위쪽 모서리를 비스듬히 뒤로 넘겨 접어요.

완성!

산타 신발

★★★

❶ 위쪽을 조금만 내려 접어요.

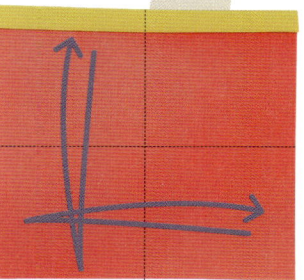

❷ 가로세로 접었다 펴요.

❸ 가로로 뒤집어요.

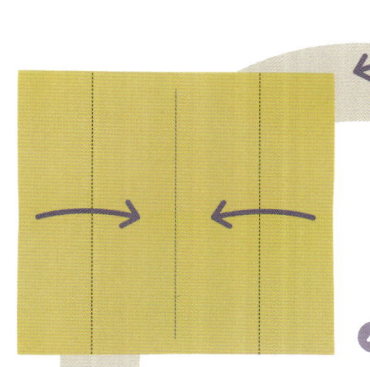

❹ 양쪽을 표시선에 맞춰서 접어요.

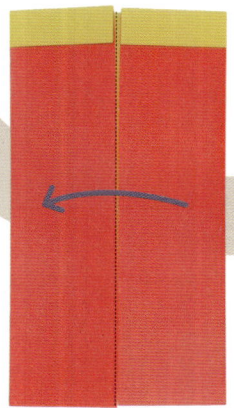

❺ 반을 접어요.

❻ ○끼리 만나도록 접었다 펴요.

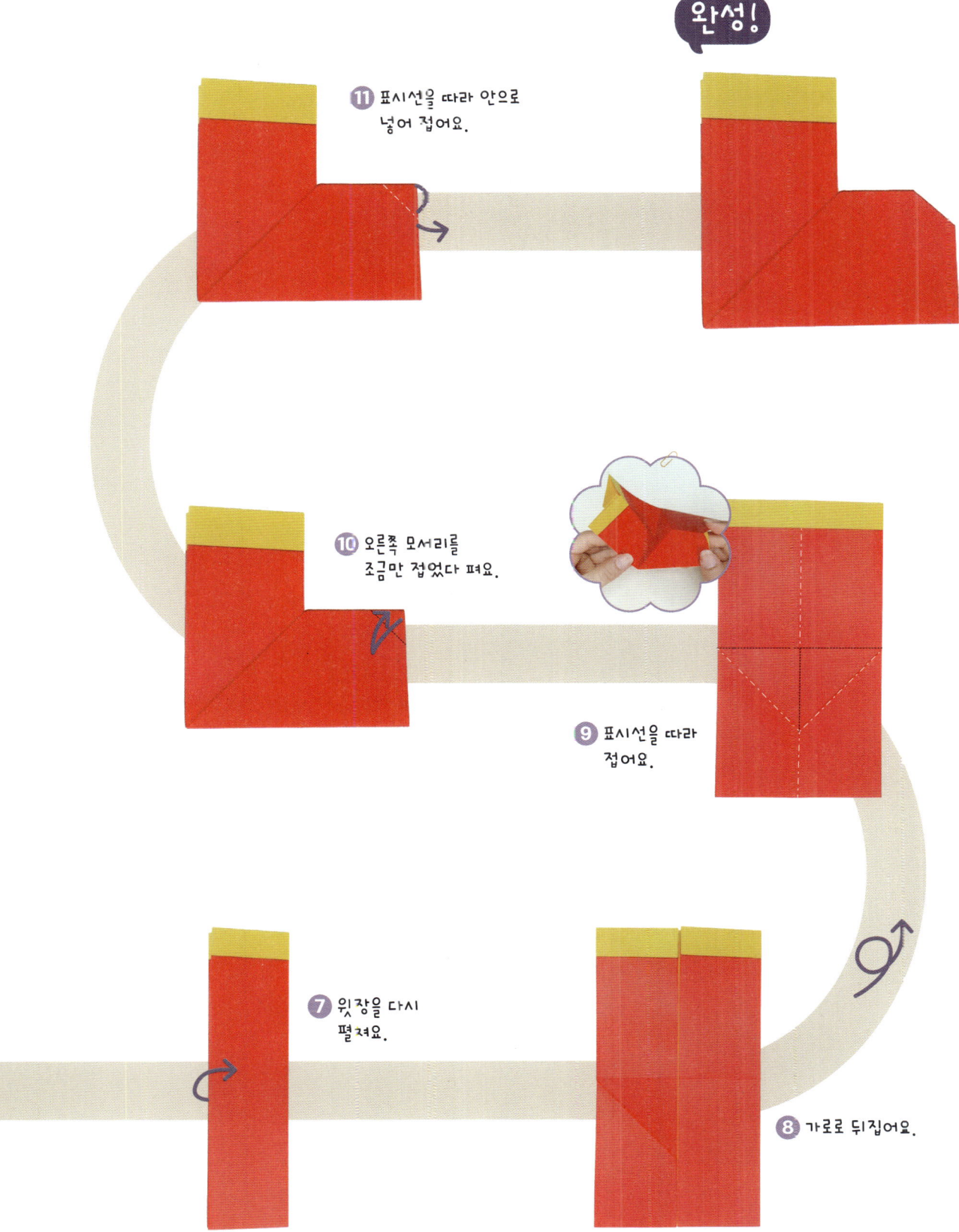

선물상자 ★★☆

상자

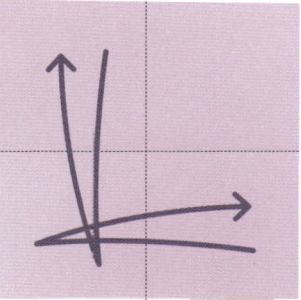

❶ 가로세로로 접었다 펴요.

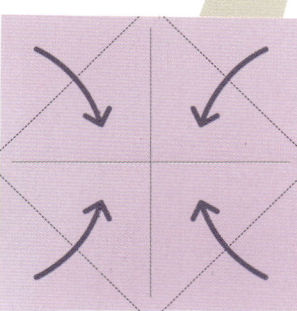

❷ 표시선으로부터 조금 간격을 두고 방석 접기(14p) 해요.

❸ 가로로 뒤집고 방향을 돌려요.

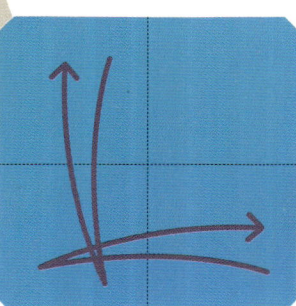

❹ 가로세로로 접었다 펴요.

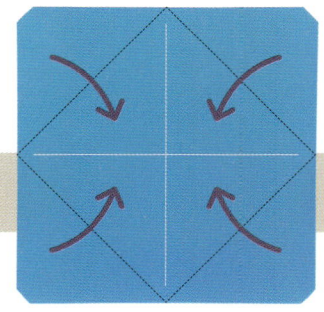

❺ 표시선에 맞춰서 방석 접기 해요.

완성!

⑪ 가운데 부분을 가위로 자르면 리본 완성

상자 위쪽에 리본을 붙여요.

⑩ 반을 내려 접어요.

리본

⑨ 위쪽을 가운데에 맞춰서 접어요.

⑧ 색종이를 1/4 크기로 자른 다음, 아이스크림 접기(13p) 해요.

⑥ 가로로 뒤집고 방향을 돌려요.

⑦ 상자 완성

손모아 장갑

★★★

왼손

1. 세모로 접어요.
2. 양쪽 모서리를 ○와 만나도록 접어요.
3. 양쪽 모서리를 가운데에 맞춰서 접어요.
4. 왼쪽 아랫부분을 올려 접어요.
5. 왼쪽 모서리를 내려 접어요.
6. 아래쪽 모서리를 올려 접어요.

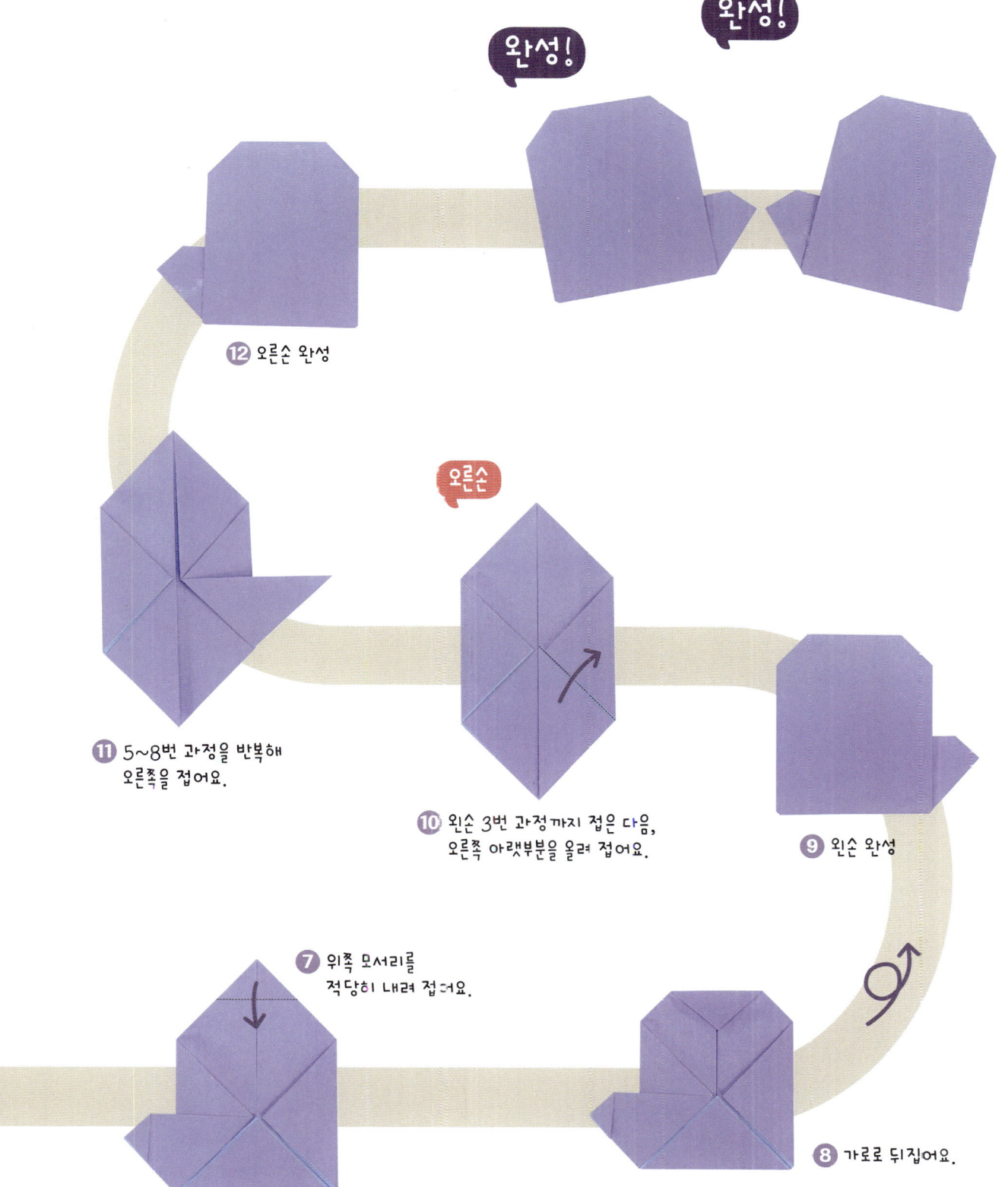

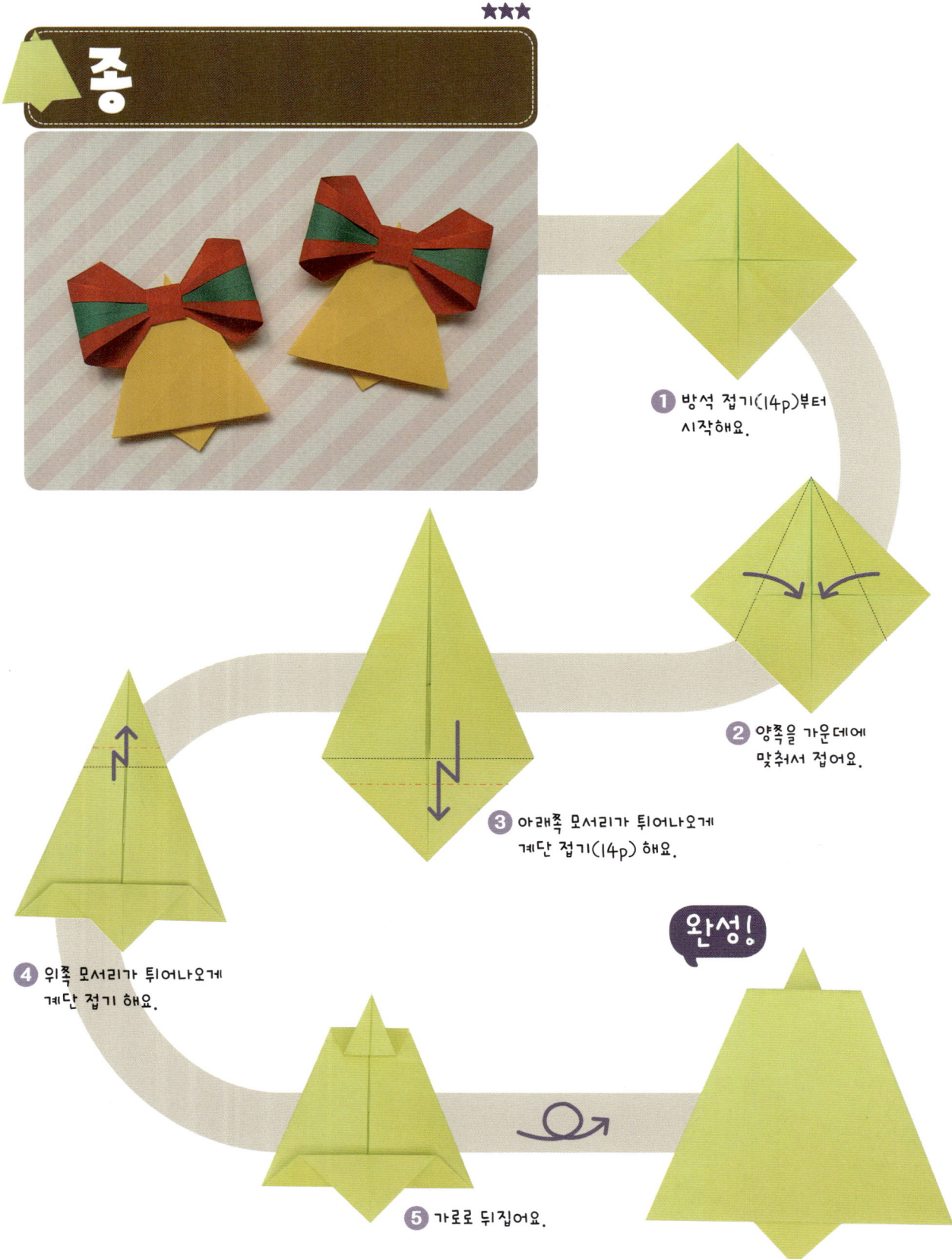

지팡이 장식

1. 위쪽에 조금만 간격을 두고 올려 접어요.
2. 가로로 뒤집어요.
3. 아래쪽을 조금만 올려 접어요.
4. 같은 간격으로 끝까지 올려 접은 다음, 끝부분에 풀칠해서 붙여요.
5. 양쪽 모서리를 가위로 잘라요.
6. 왼쪽을 뒤로 비스듬히 넘겨 접어요.
7. 오른쪽을 뒤로 비스듬히 넘겨 접어요.

완성!

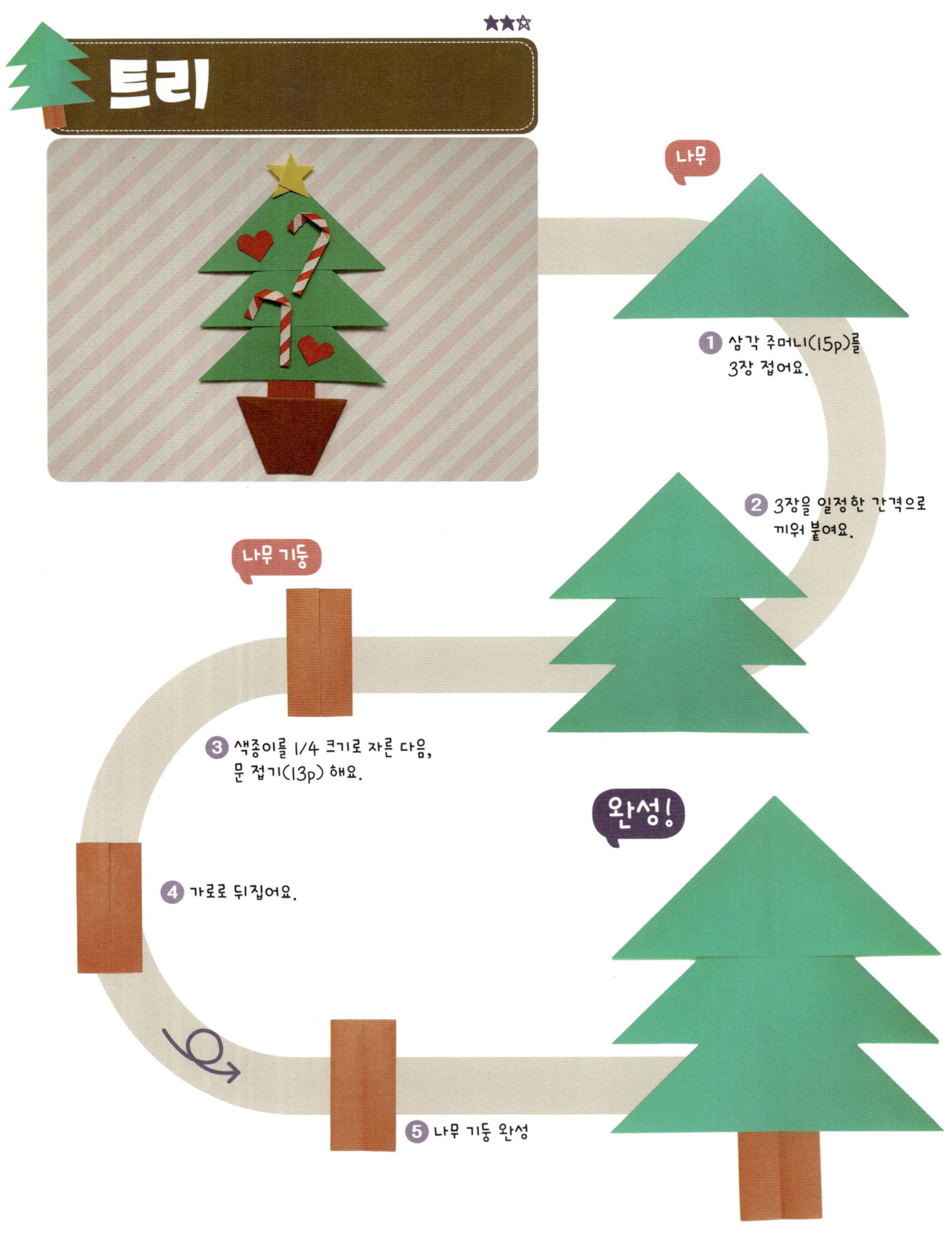

8장 소품

반지, 손목시계, 지갑, 슬리퍼, 마스크 등
주변에서 볼 수 있는
다양한 소품들을 접어 보아요.

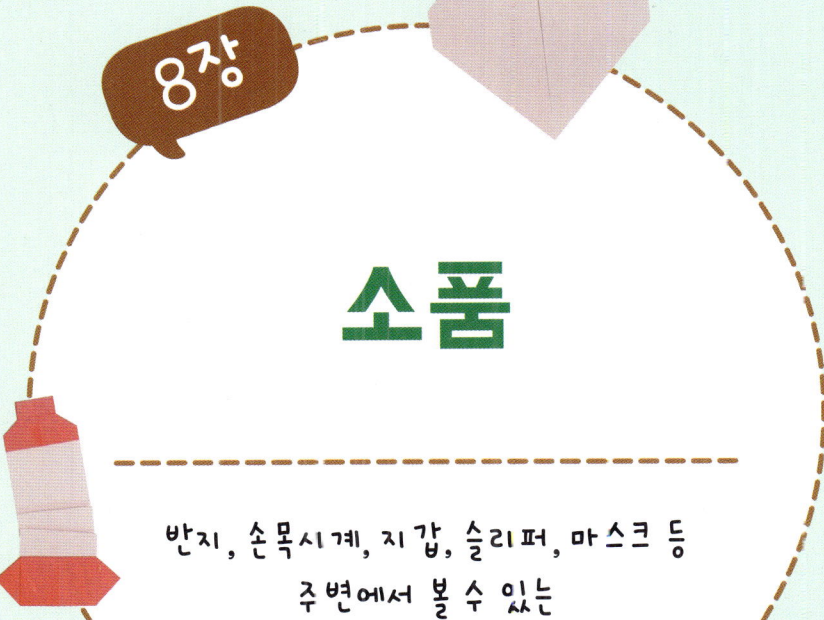

리본 ①

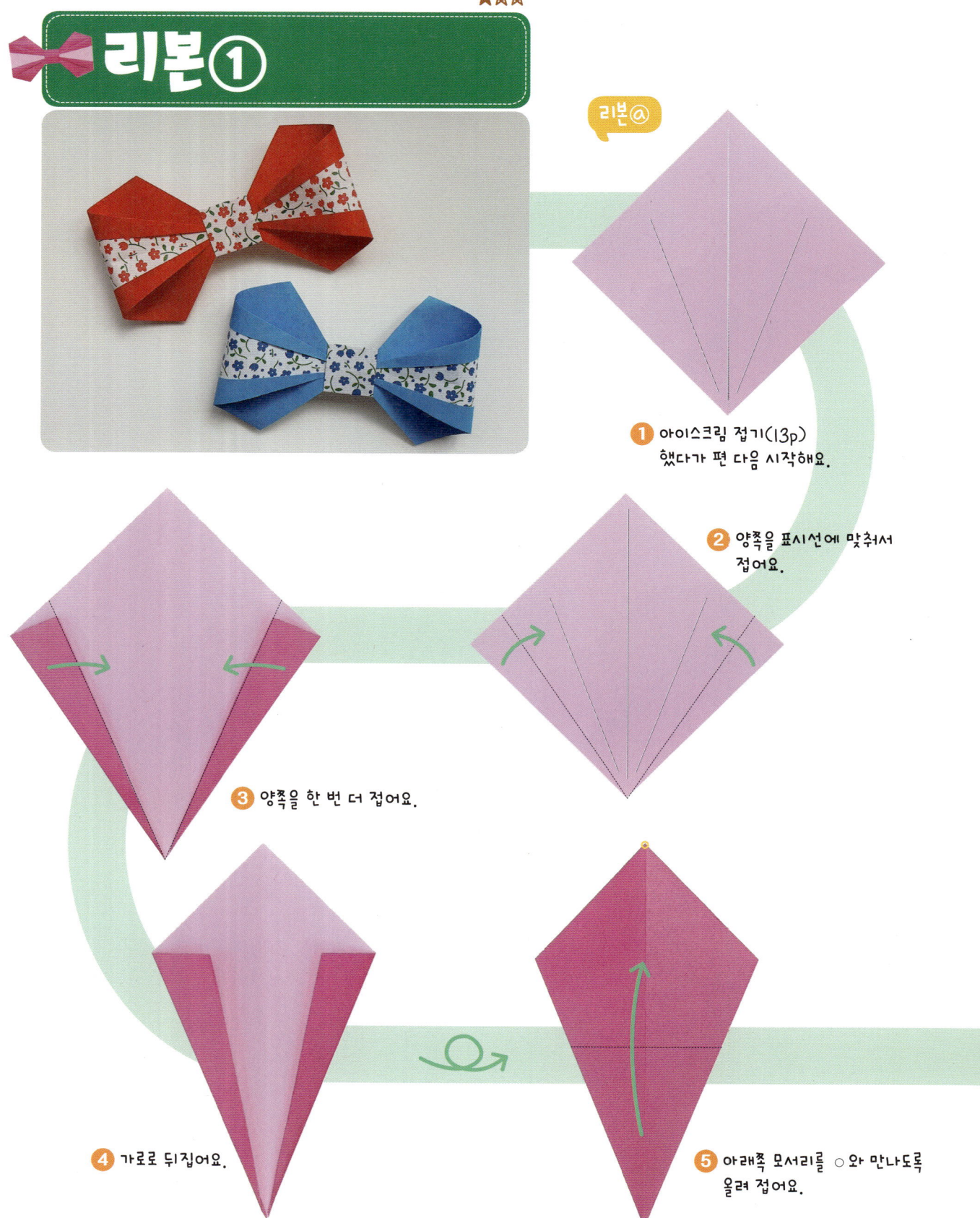

리본 ⓐ

1. 아이스크림 접기(13p) 했다가 편 다음 시작해요.
2. 양쪽을 표시선에 맞춰서 접어요.
3. 양쪽을 한 번 더 접어요.
4. 가로로 뒤집어요.
5. 아래쪽 모서리를 ○와 만나도록 올려 접어요.

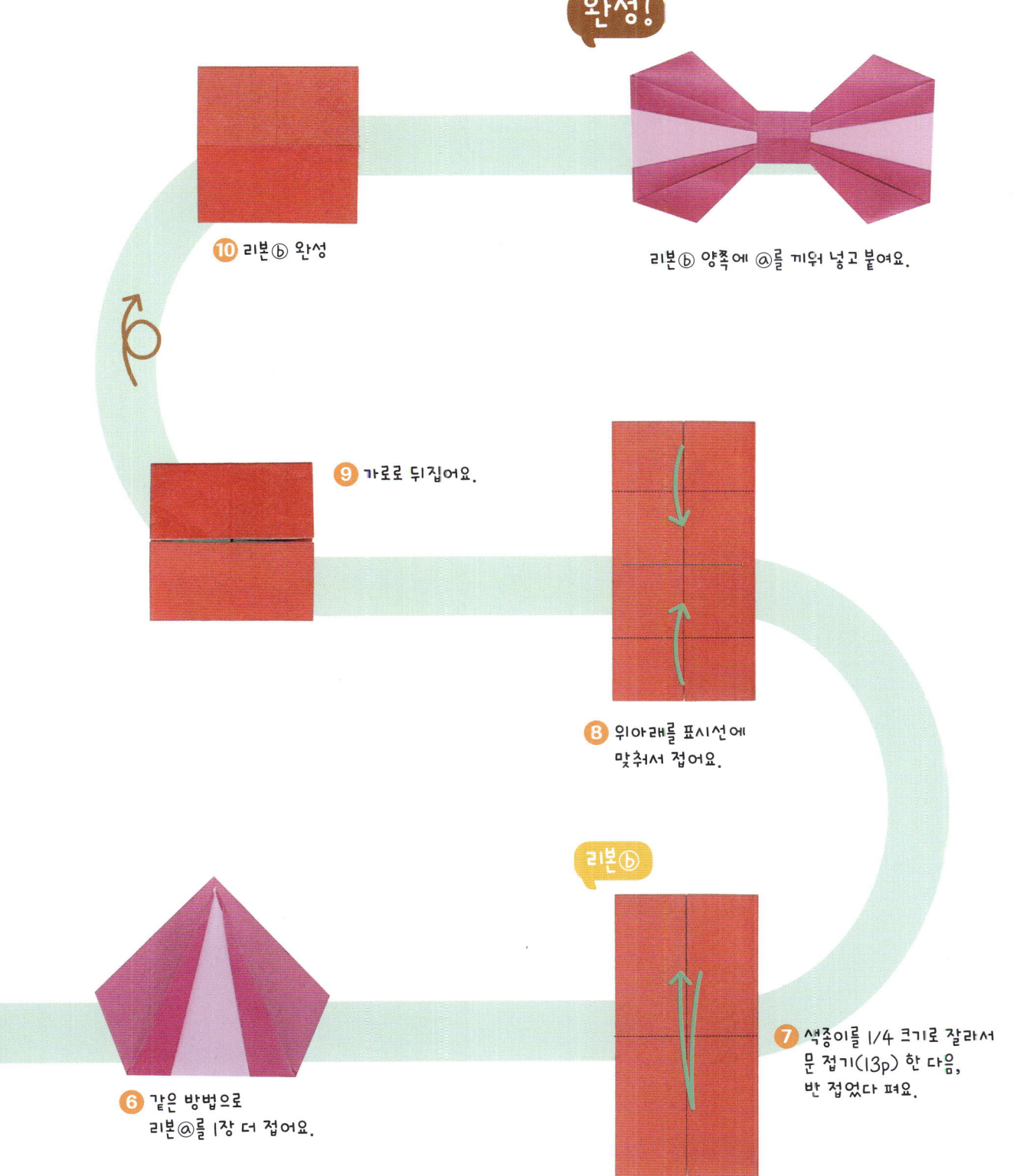

리본 ②

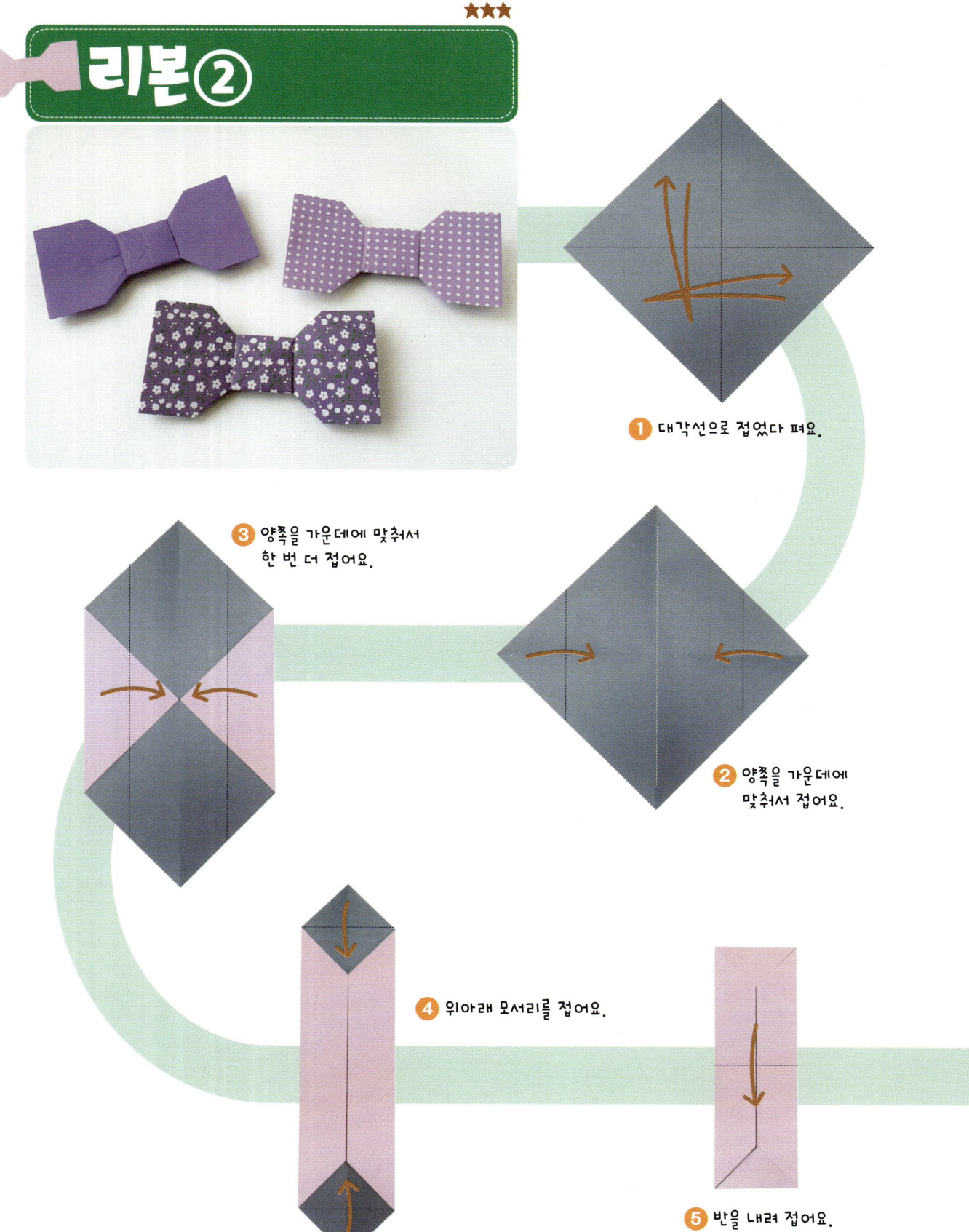

1. 대각선으로 접었다 펴요.
2. 양쪽을 가운데에 맞춰서 접어요.
3. 양쪽을 가운데에 맞춰서 한 번 더 접어요.
4. 위아래 모서리를 접어요.
5. 반을 내려 접어요.

⑩ 윗부분을 양손으로 한 장씩 잡고
펼치면서 눌러 접어요.

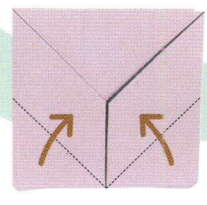

⑨ 아래쪽 모서리를 한 장만
가운데에 맞춰서 접어요
(뒷면도 똑같이 접어요).

⑧ 아래쪽을 한 장만 위로 올려 접어요
(뒷면도 똑같이 접어요).

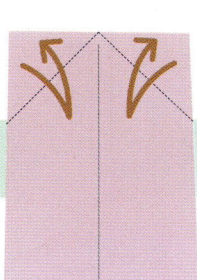

⑥ 위쪽 모서리를 가운데에
맞춰서 접었다 펴요.

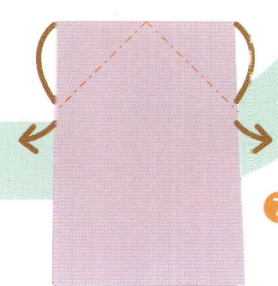

⑦ 표시선을 따라
안으로 넣어 접어요.

손목시계 ★☆☆

❶ 대각선으로 접었다 펴요.

❷ 양쪽을 가운데에 맞춰서 접어요.

❸ 가로로 뒤집어요.

❹ 양쪽을 가운데에 맞춰서 접어요.

❺ 양쪽을 가운데에 맞춰서 접으면서 가운데 모서리는 바깥쪽으로 펼쳐요.

완성!

풍선 ★★☆

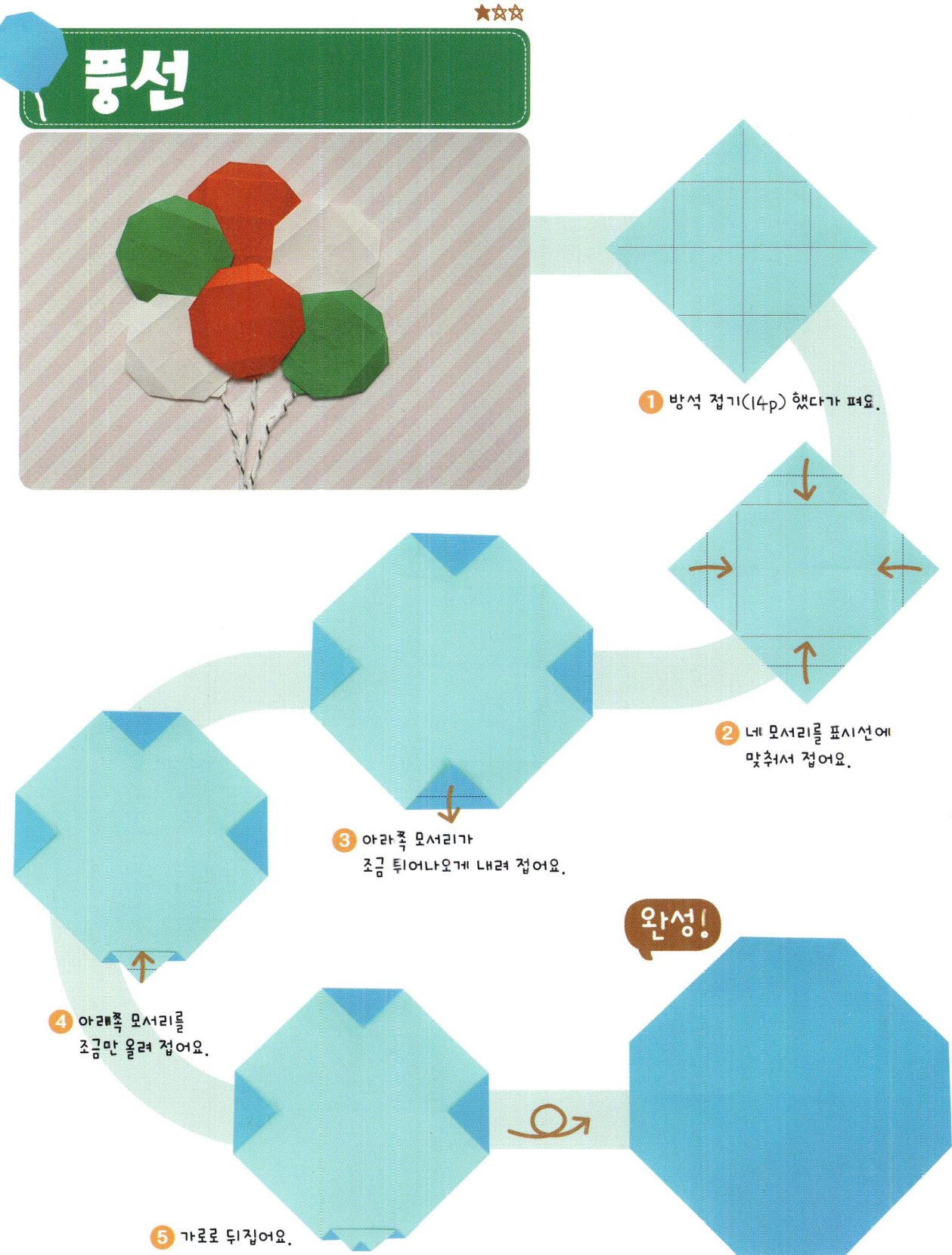

1 방석 접기(14p) 했다가 펴요.
2 네 모서리를 표시선에 맞춰서 접어요.
3 아래쪽 모서리가 조금 튀어나오게 내려 접어요.
4 아래쪽 모서리를 조금만 올려 접어요.
5 가로로 뒤집어요.

완성!

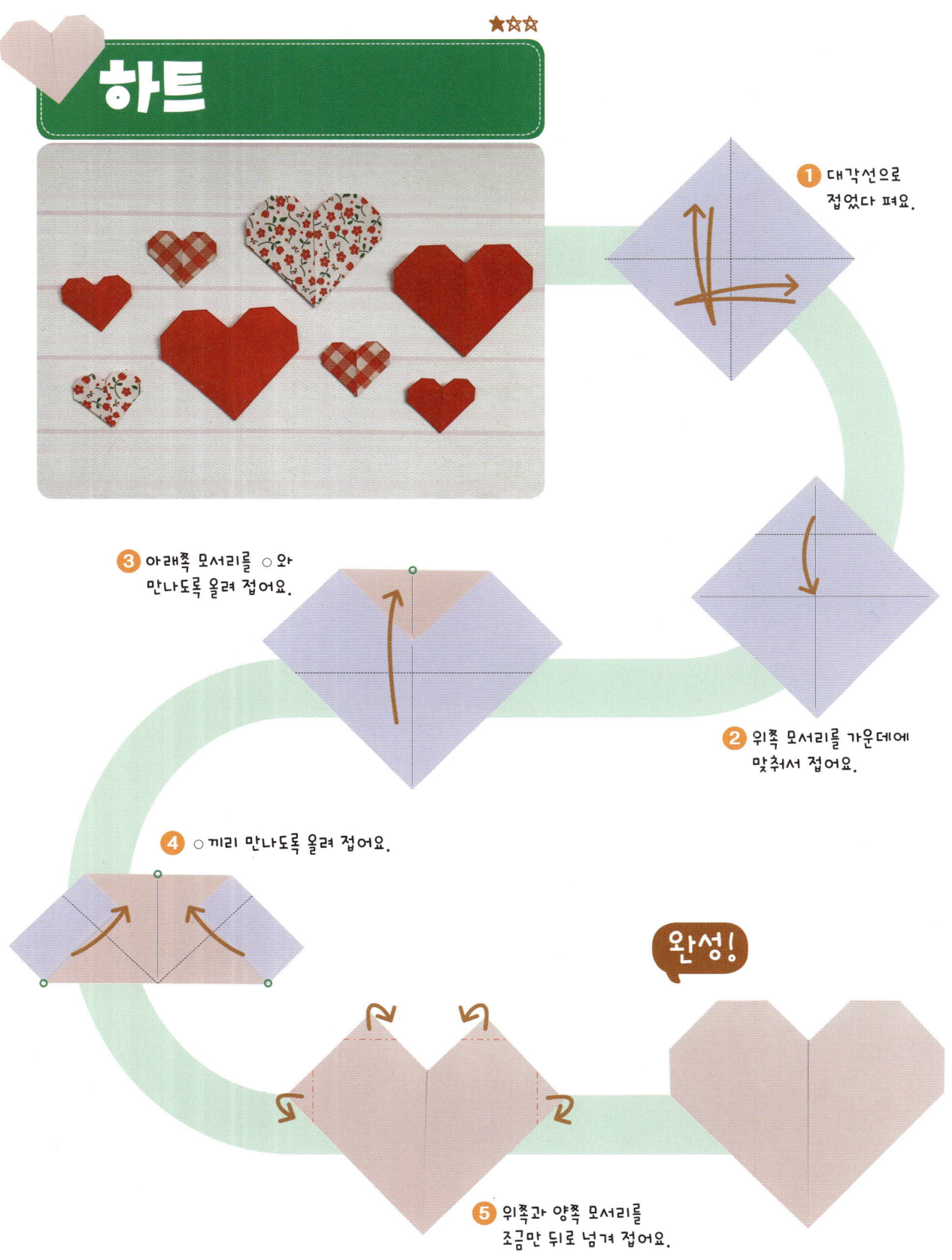

지갑 ①

★★☆

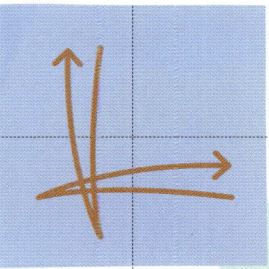

❶ 가로세로로 접었다 펴요.

❷ 아래쪽을 표시선에 맞춰서 올려 접어요.

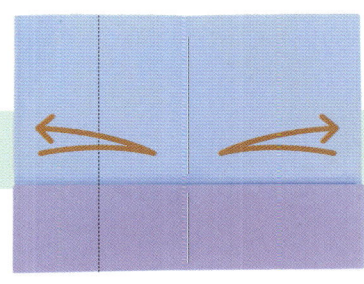

❸ 양쪽을 표시선에 맞춰서 접었다 펴요.

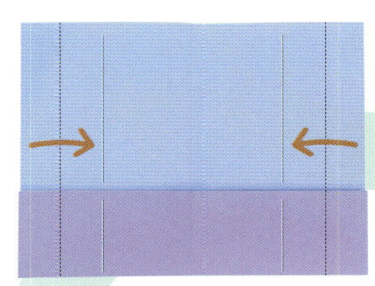

❹ 양쪽을 표시선에 맞춰서 접어요.

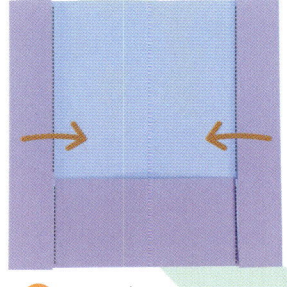

❺ 양쪽을 한 번 더 접어요.

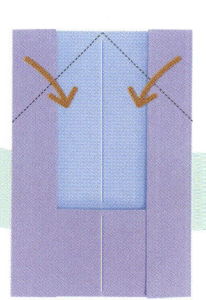

❻ 위쪽 모서리를 가운데에 맞춰서 접어요.

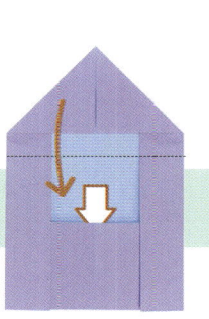

❼ 위쪽 모서리를 화살표 틈에 끼워 넣으면서 눌러 접어요.

완성!

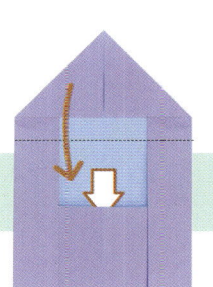

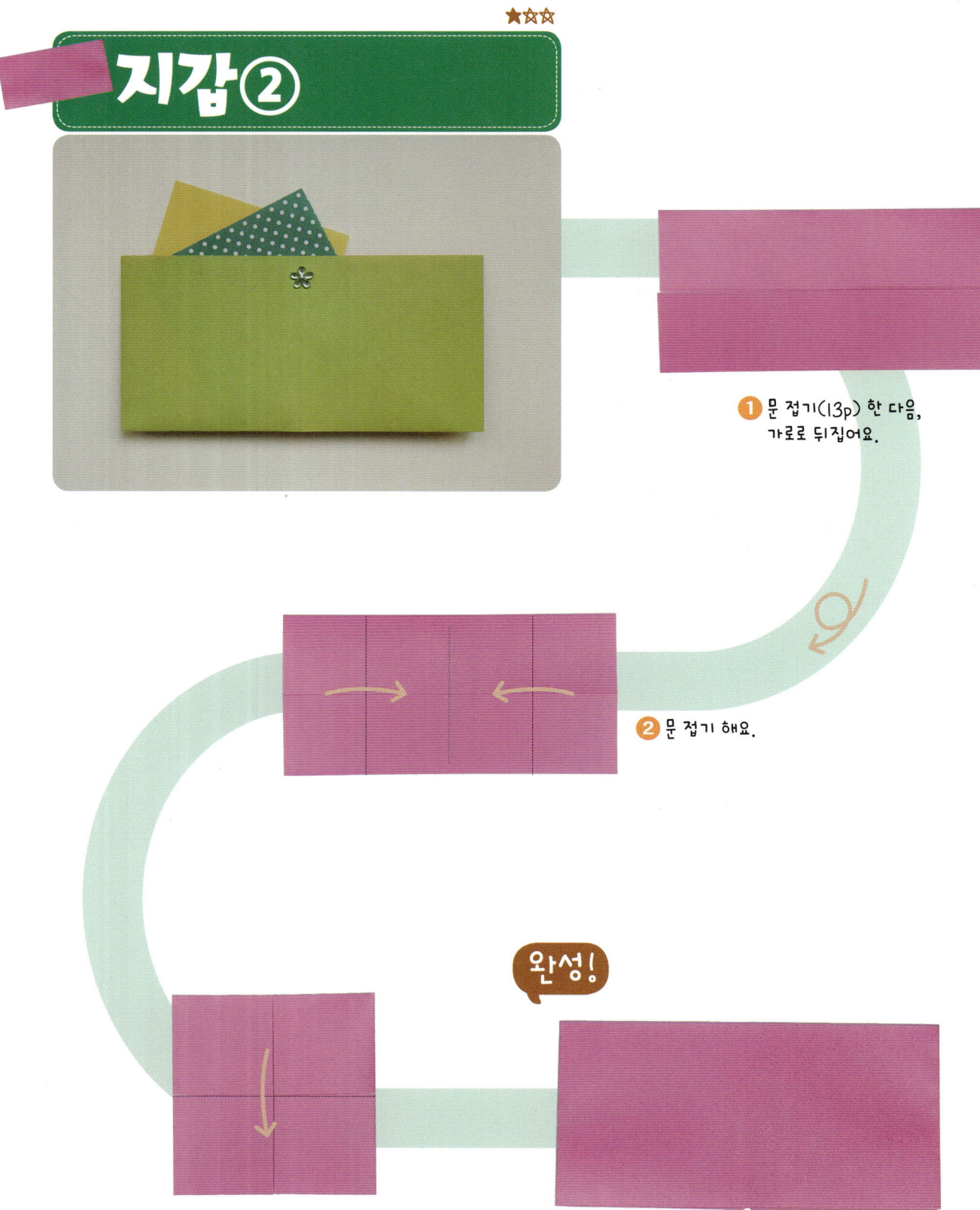

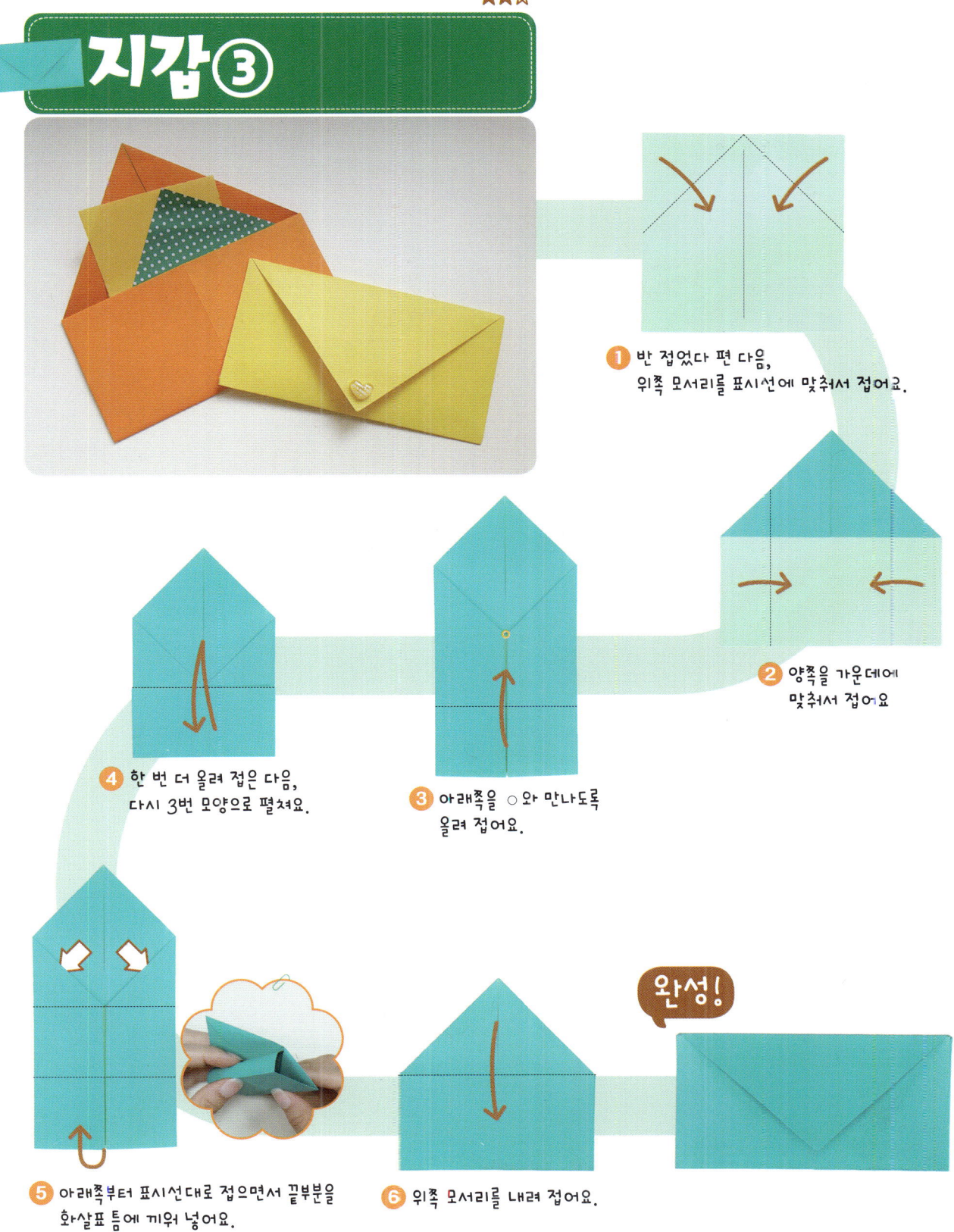

슬리퍼

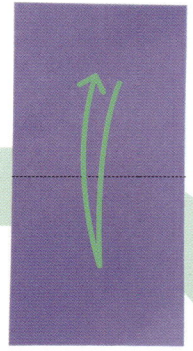

① 색종이를 1/2 크기로 자른 다음, 반 접었다 펴요.

② 아래쪽을 조금만 올려 접고, 같은 간격으로 한 번 더 올려 접어요.

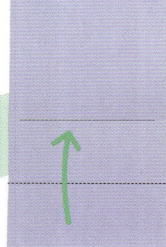 

④ 아래쪽을 표시선에 맞춰서 올려 접어요.

③ 가로로 뒤집어요.

⑤ 가로로 뒤집어요.

⑥ 세로로 3등분해서 왼쪽을 접어요.

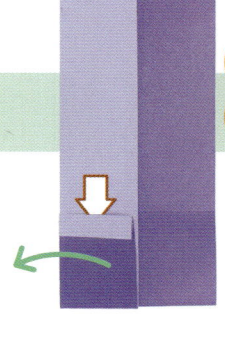 

⑦ 화살표 틈에 손가락을 넣어 옆으로 벌리면서 비스듬히 눌러 접어요.

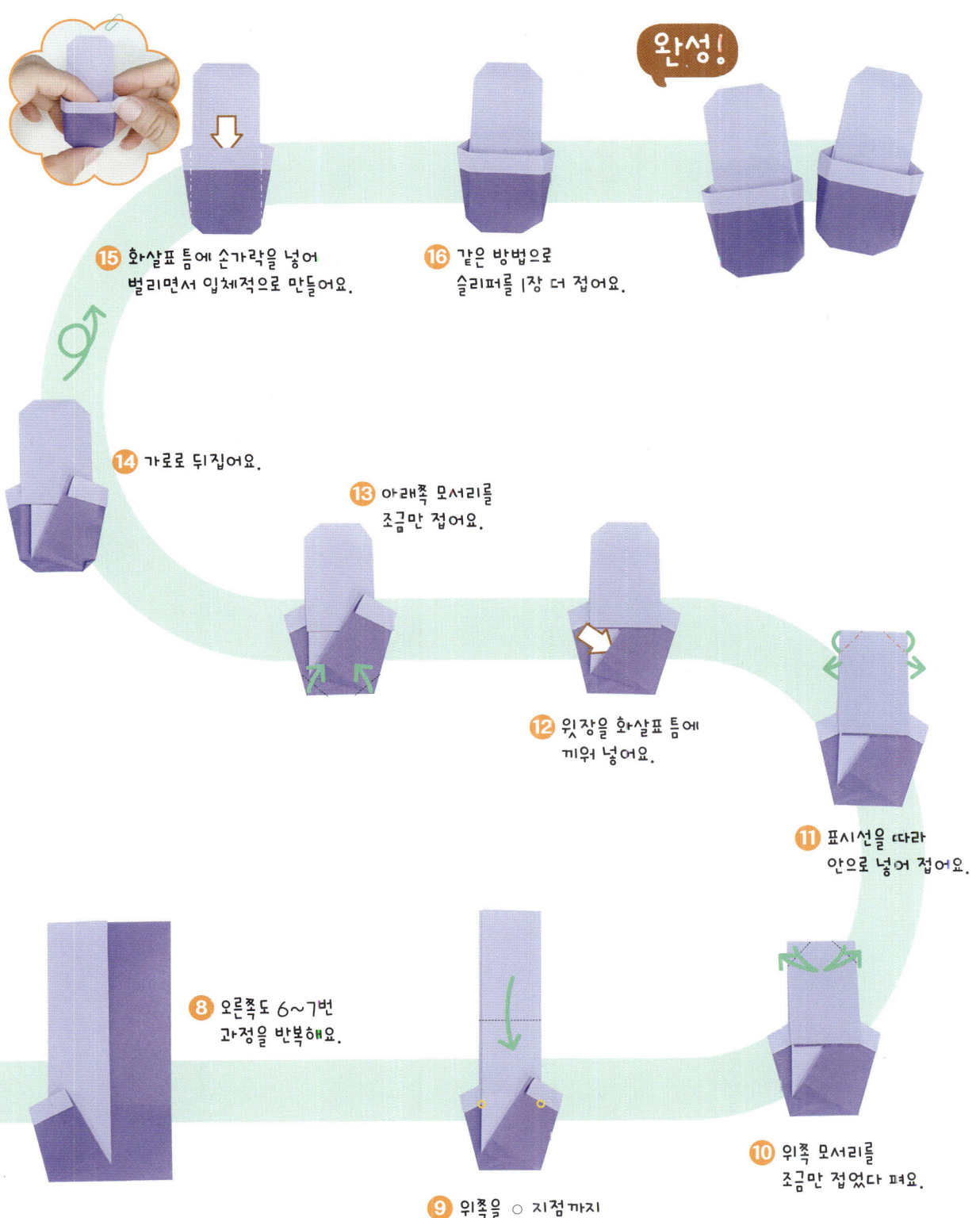

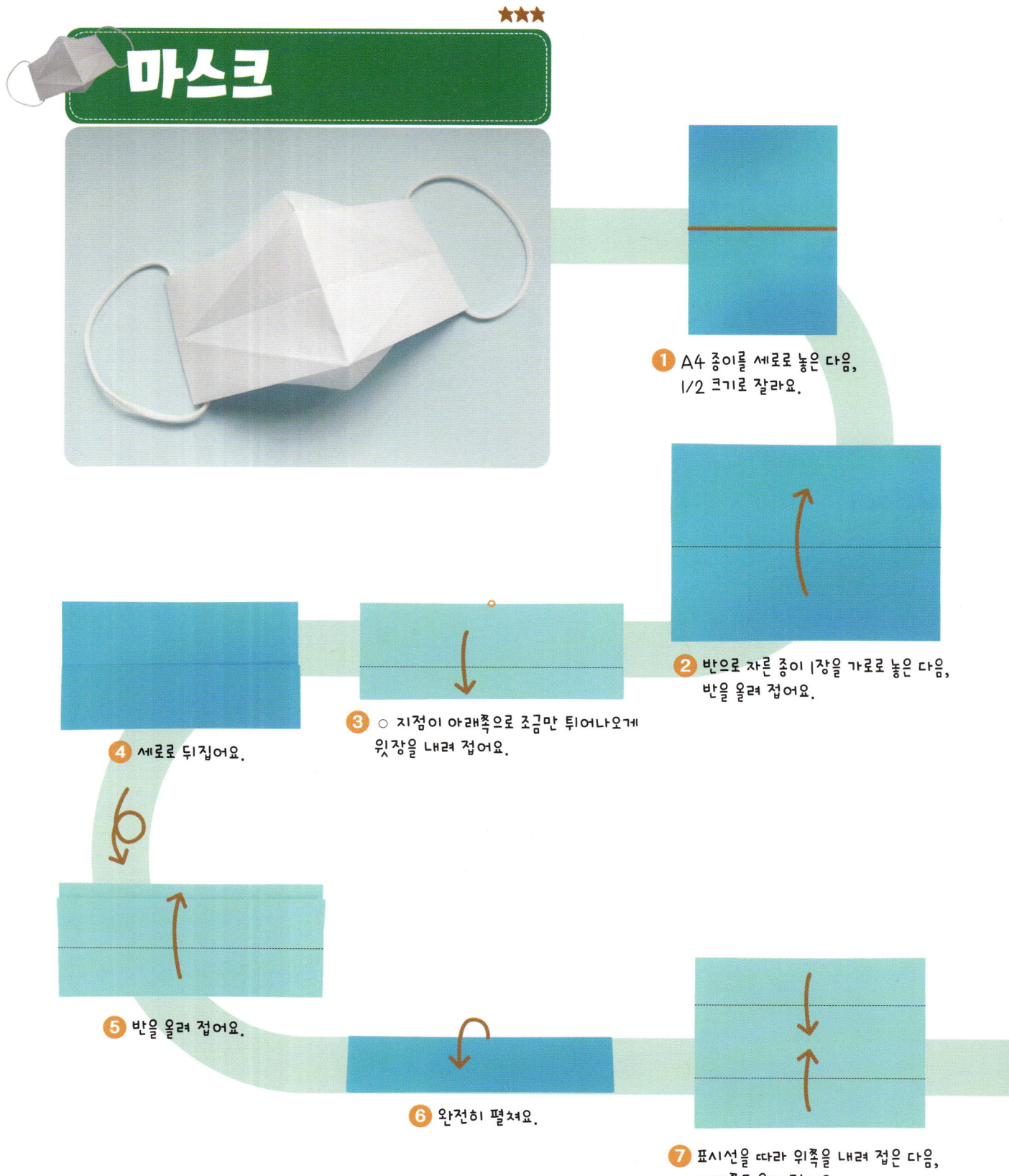

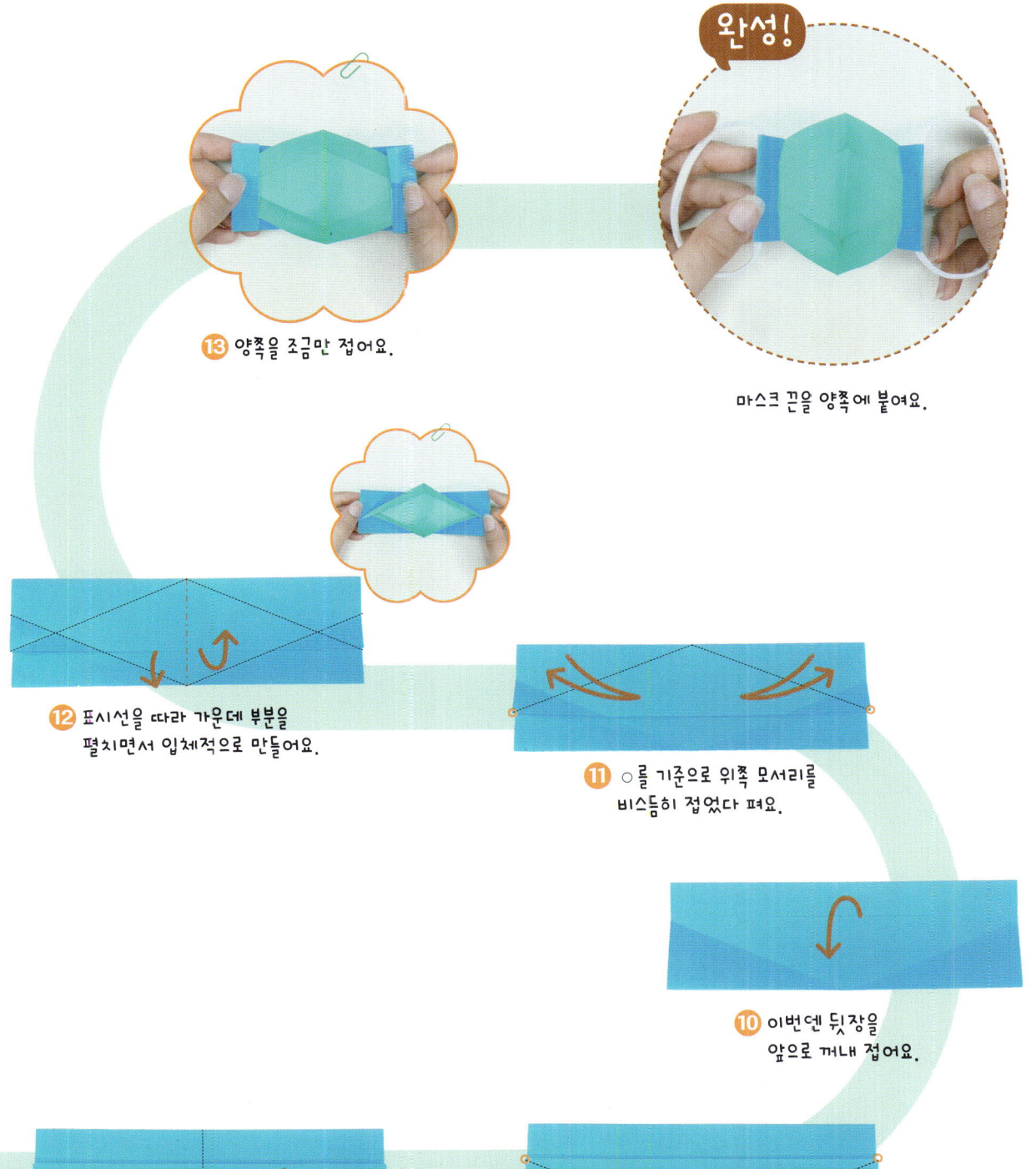

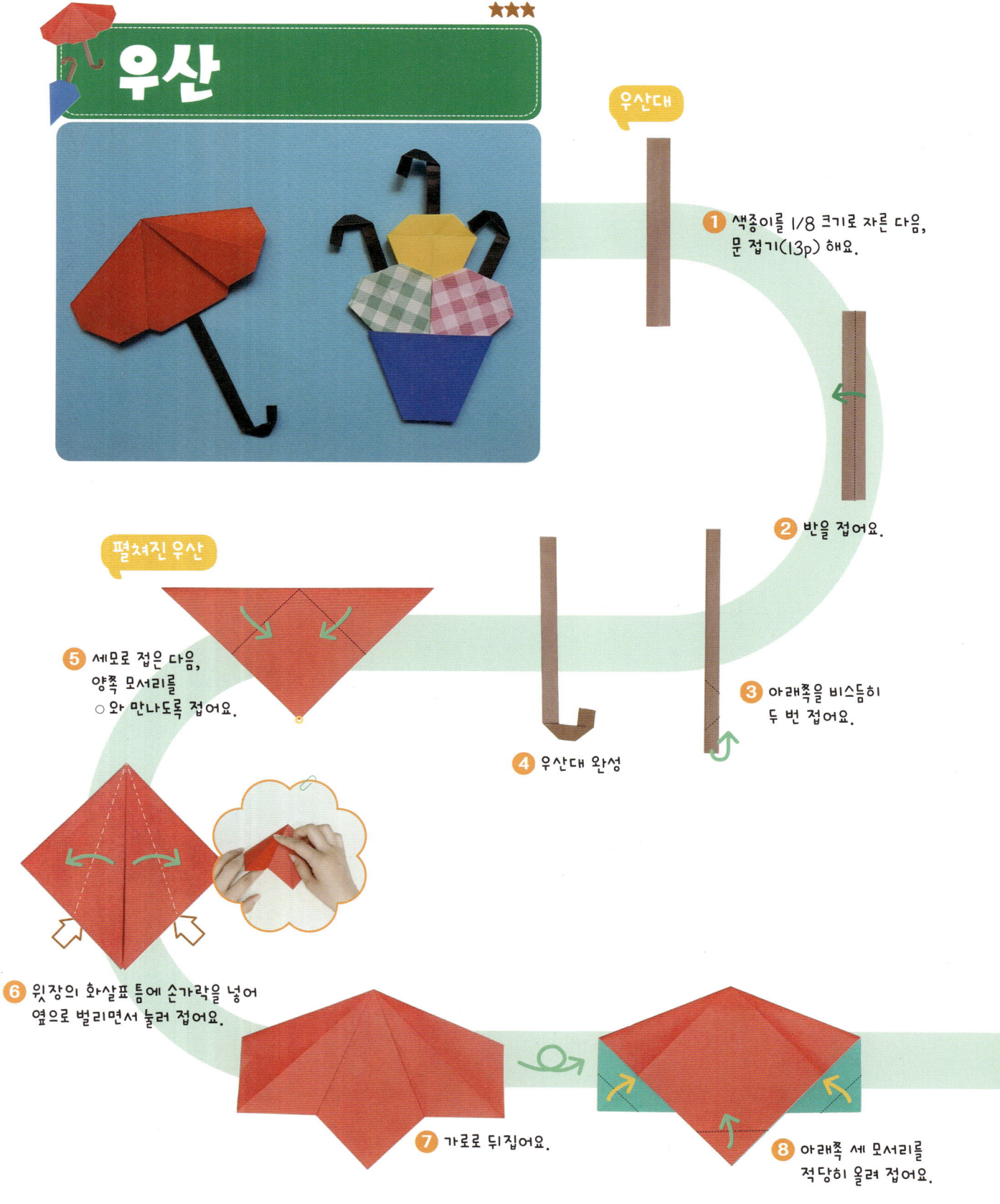

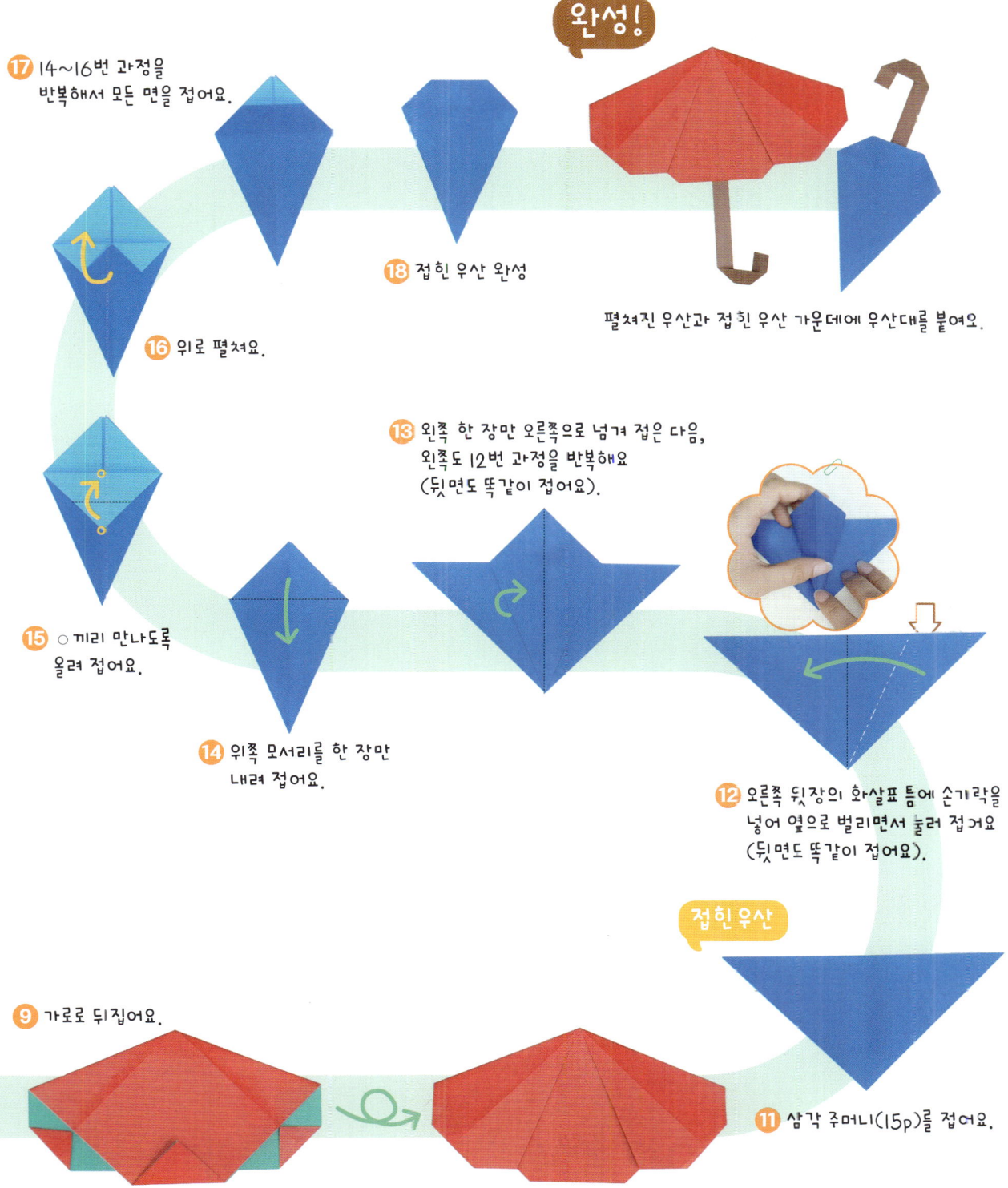

물감 ★★★

1. 색종이를 1/2 크기로 자른 다음, 문 접기(13p) 해요.
2. 아래쪽을 비스듬히 펼쳐 접어요.
3. 위쪽을 조금만 내려 접고, 같은 간격으로 한 번 더 내려 접어요.
4. 가로로 뒤집어요.
5. 위쪽을 3번 과정에서 접은 만큼만 내려 접어요.
6. 윗부분의 양쪽을 조금씩 자른 다음, 양쪽을 뒤로 넘겨 접어요.
7. 위쪽 모서리를 뒤로 넘겨 접어요.
8. 다른 색의 색종이를 물감 가운데에 잘라 붙인 다음, 계단 접기(14p) 해요.

완성!

크레파스

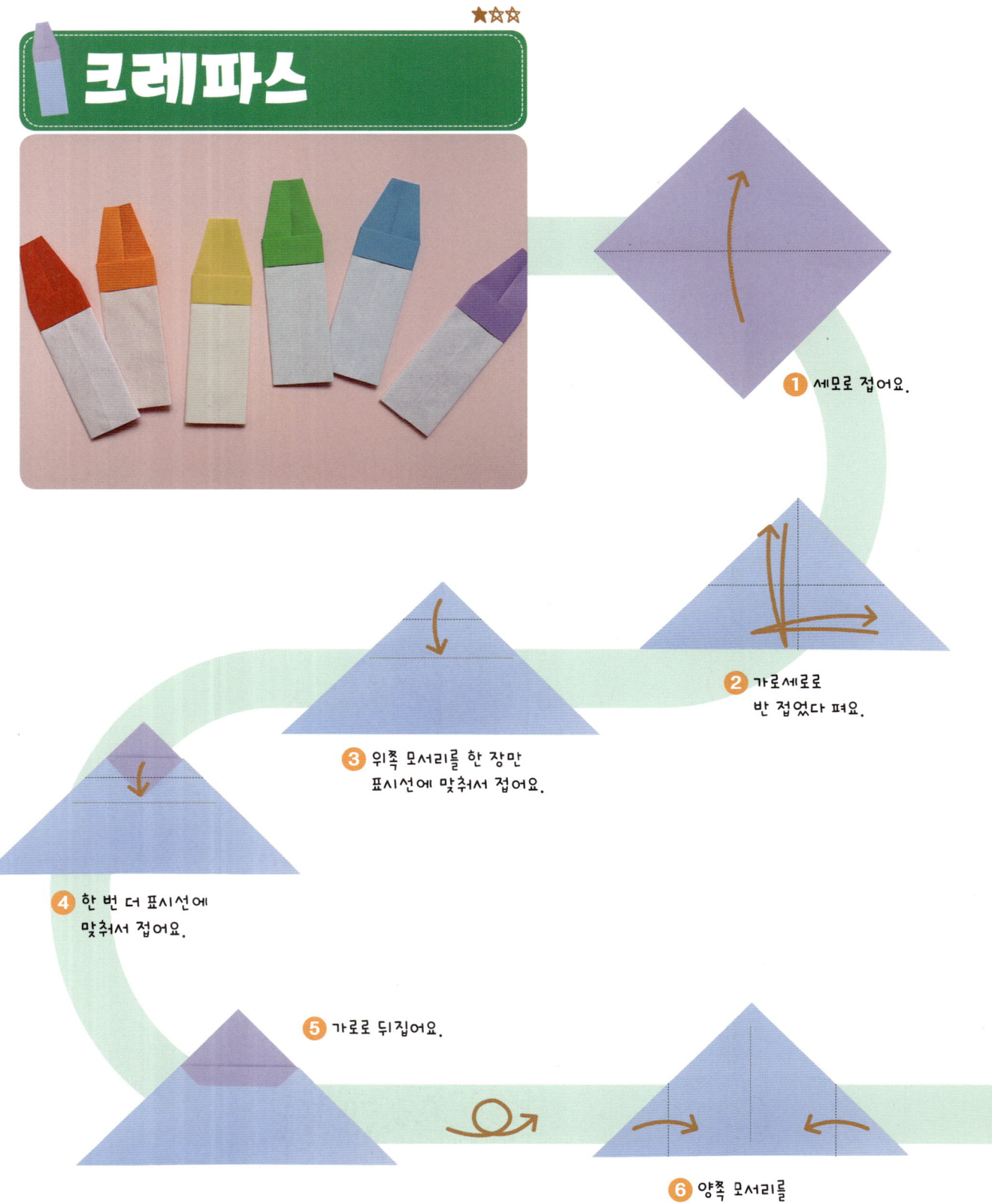

1. 세모로 접어요.
2. 가로세로로 반 접었다 펴요.
3. 위쪽 모서리를 한 장만 표시선에 맞춰서 접어요.
4. 한 번 더 표시선에 맞춰서 접어요.
5. 가로로 뒤집어요.
6. 양쪽 모서리를 가운데에 맞춰서 접어요.

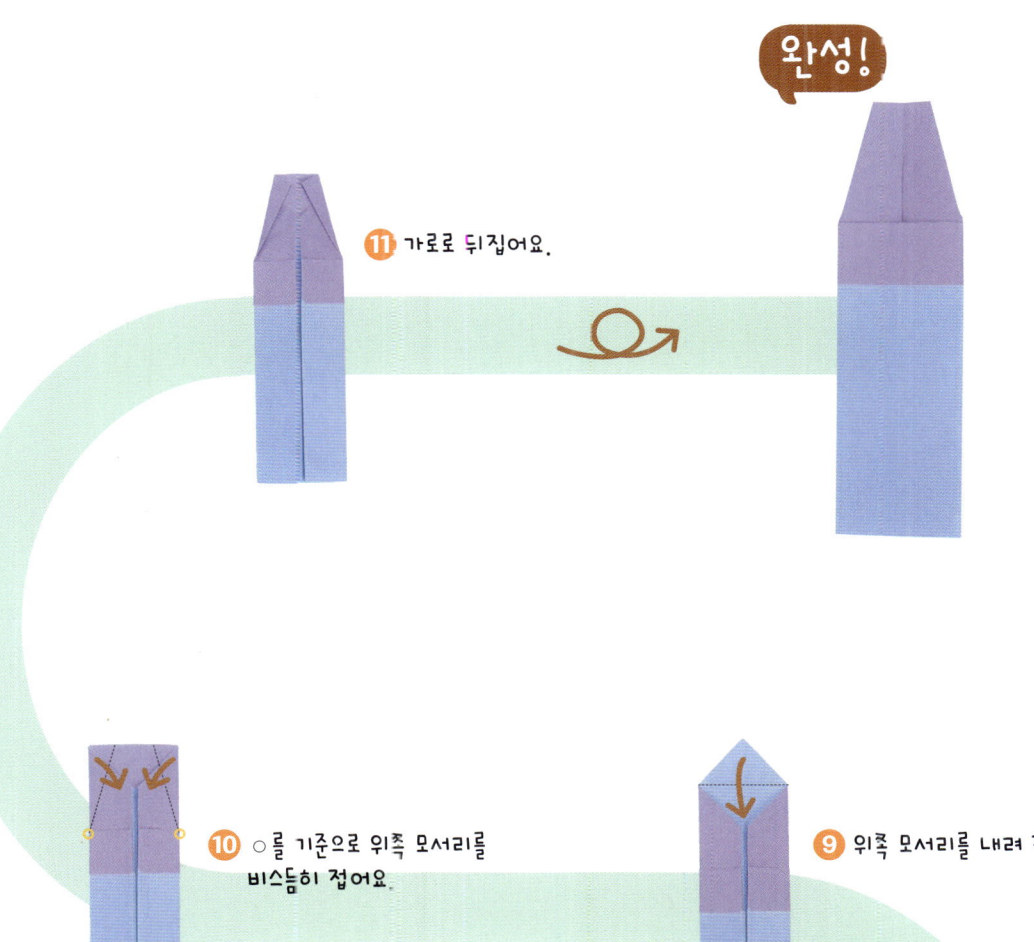

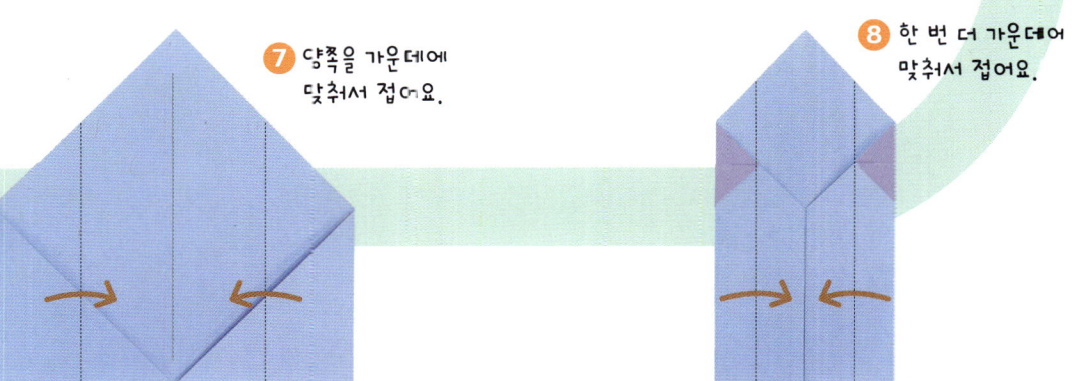

메모 꽂이

❶ 아래쪽을 조금만 올려 접어요.

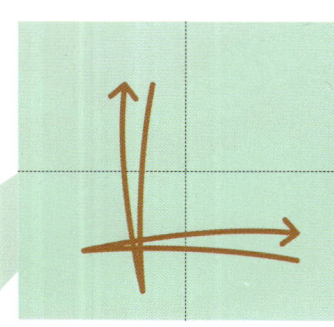

❸ 가로세로 접었다 펴요.

❷ 가로로 뒤집어요.

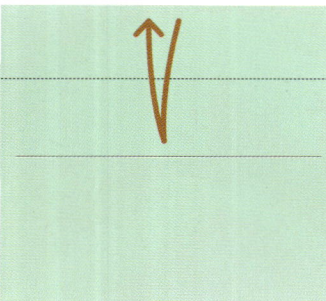

❹ 위쪽을 표시선에 맞춰서 접었다 펴요.

❺ 아래쪽을 위쪽 표시선에 맞춰서 올려 접어요.

완성!

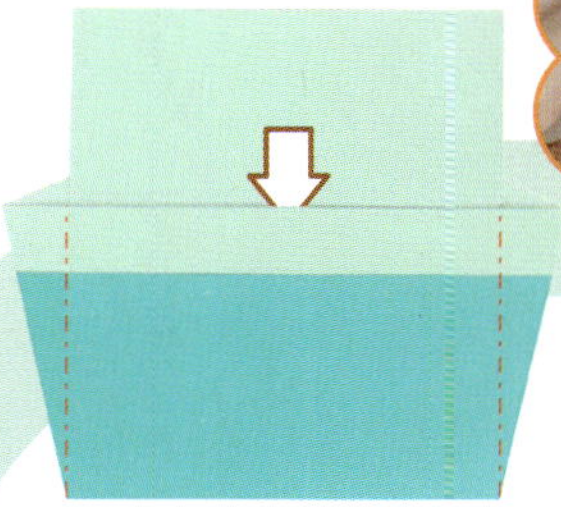

⑩ 화살표 부분에 손가락을 넣어 벌리면서 입체적으로 만들어요.

⑨ 가로로 뒤집어요.

⑧ 화살표 틈에 손가락을 넣어 옆으로 벌리면서 비스듬히 눌러 접어요.

⑥ 가로로 뒤집어요.

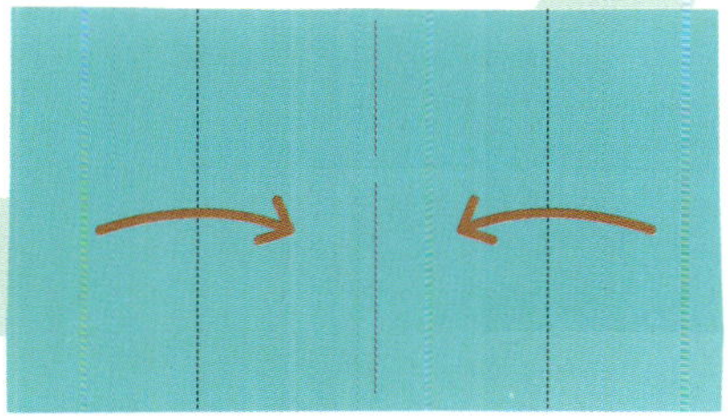

⑦ 양쪽을 가운데에 맞춰서 접어요.

액자 ①

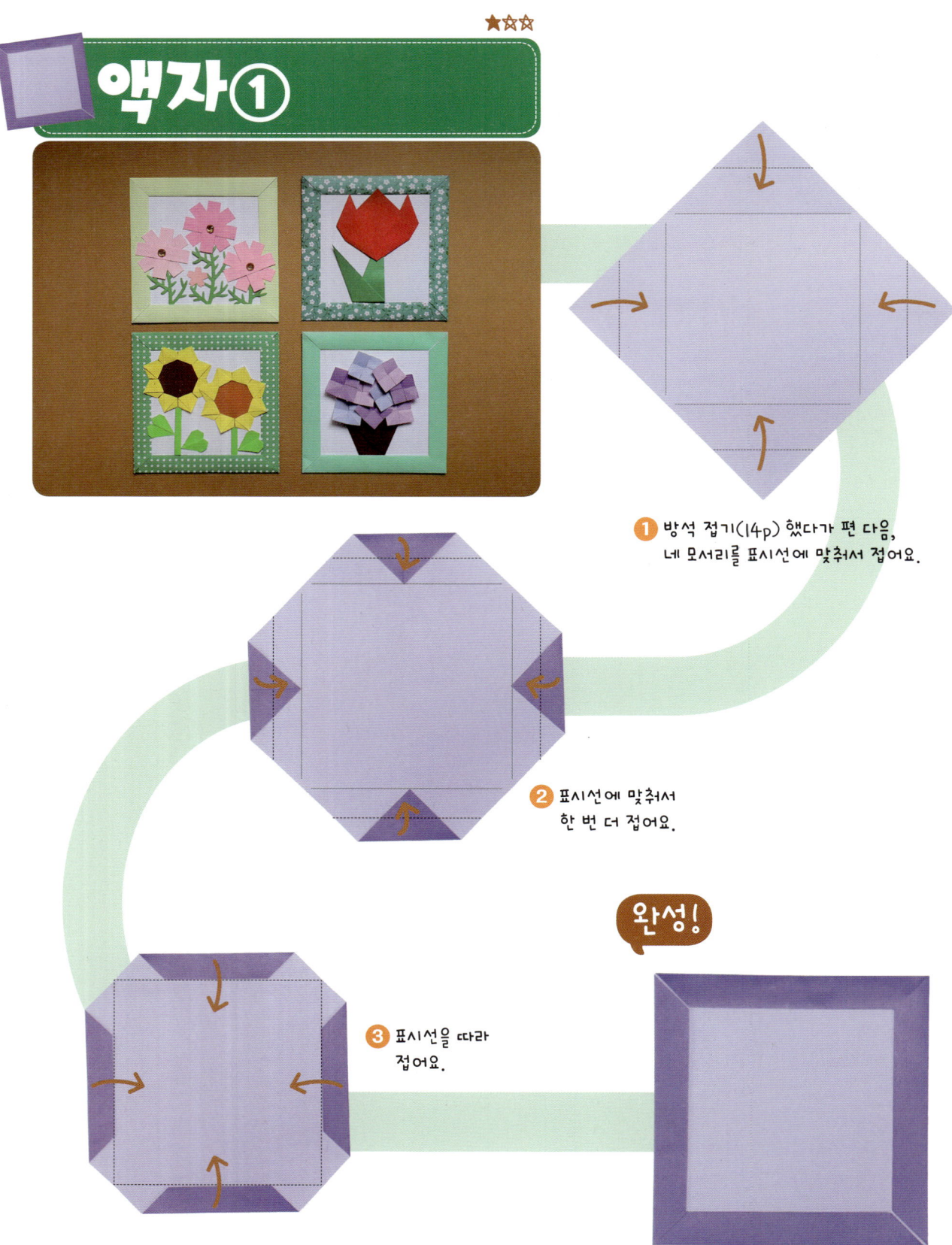

1. 방석 접기(14p) 했다가 편 다음, 네 모서리를 표시선에 맞춰서 접어요.

2. 표시선에 맞춰서 한 번 더 접어요.

3. 표시선을 따라 접어요.

완성!

펼쳐지지 않게 풀로 붙여요.

액자 ②

★★☆

① 방석 접기(14p)부터 시작해요.

② 안쪽 모서리를 ⓒ오 만나도록 펼쳐 접어요.

③ 한 번 더 바깥쪽으로 펼쳐 접어요.

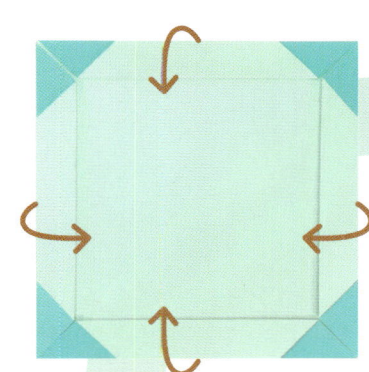

④ 다시 1번 모양으로 펼쳐요.

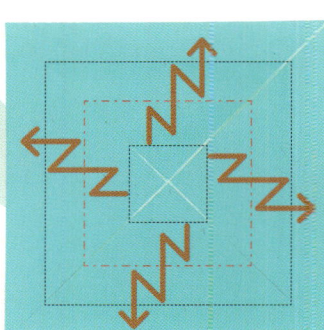

⑤ 표시선대로 계단 접기(14p) 해요.

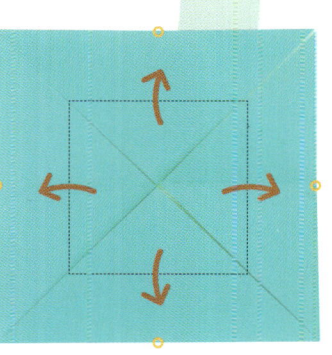

완성!

펼쳐지지 않게 풀로 붙여요.

손잡이 달린 상자

① 사각 주머니(16p)를 접어서 뚫린 부분이 위로 가게 놓은 다음, 한 장만 반 내려 접었다 펴요 (뒷면도 똑같이 접어요).

② 표시선을 따라 한 장만 안으로 넣어 접어요 (뒷면도 똑같이 접어요).

③ 오른쪽 한 장만 왼쪽으로 넘겨 접어요 (뒷면도 똑같이 접어요).

④ 반을 내려 접었다 펴요 (뒷면도 똑같이 접어요).

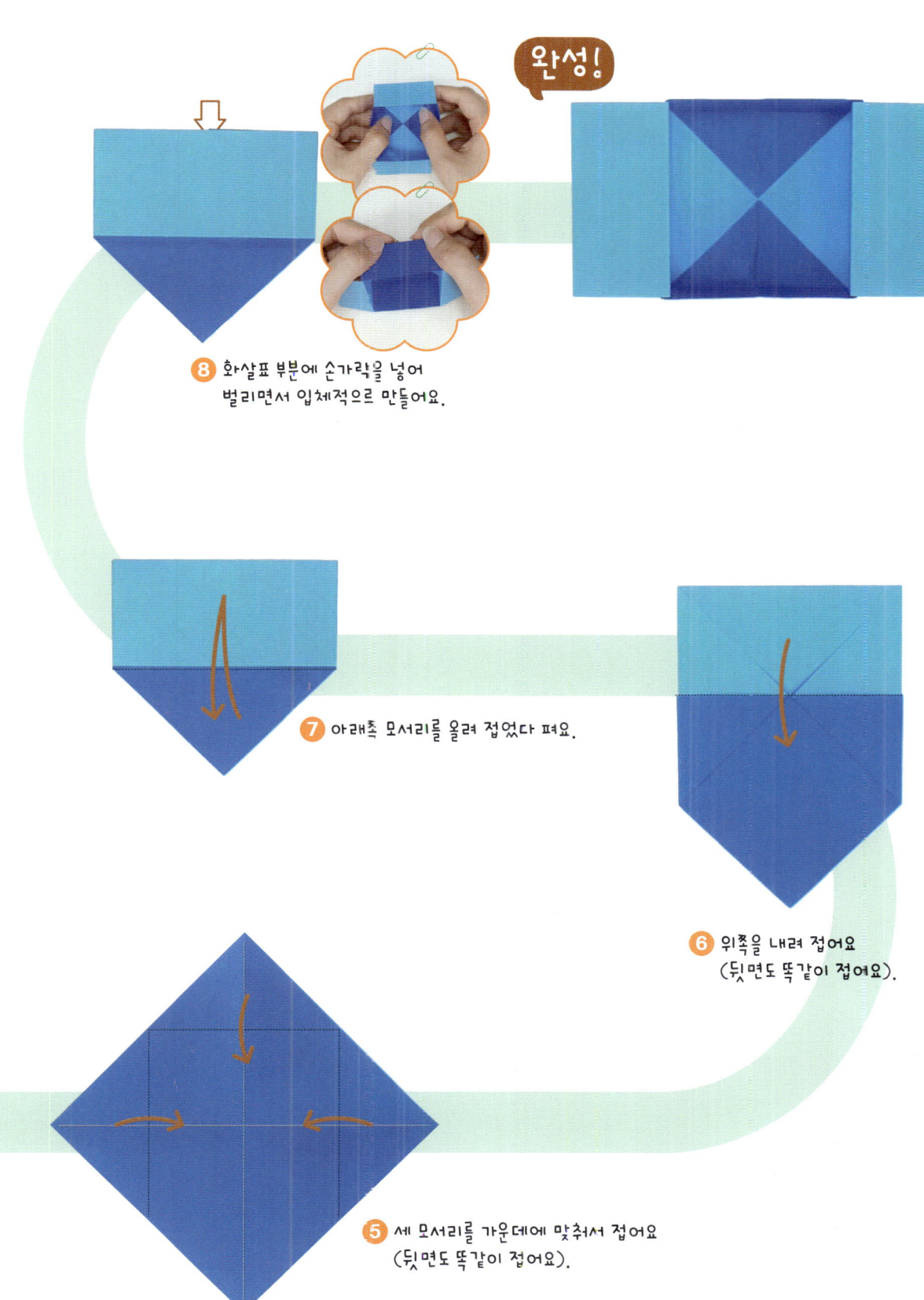

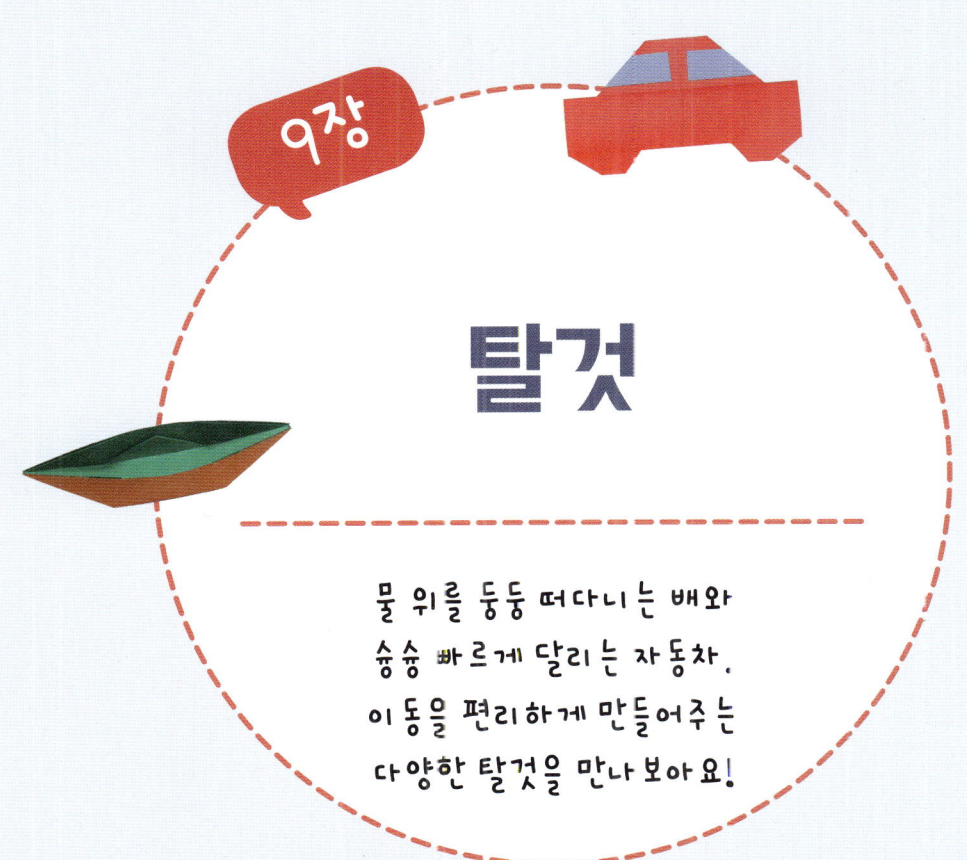

9장 탈것

물 위를 둥둥 떠다니는 배와
슝슝 빠르게 달리는 자동차.
이동을 편리하게 만들어주는
다양한 탈것을 만나 보아요!

돛단배

① 세모로 접어요.

② 한 장만 ○끼리 만나도록 접어요.

③ 아래쪽을 비스듬히 올려 접어요.

완성!

통통배 ★☆☆

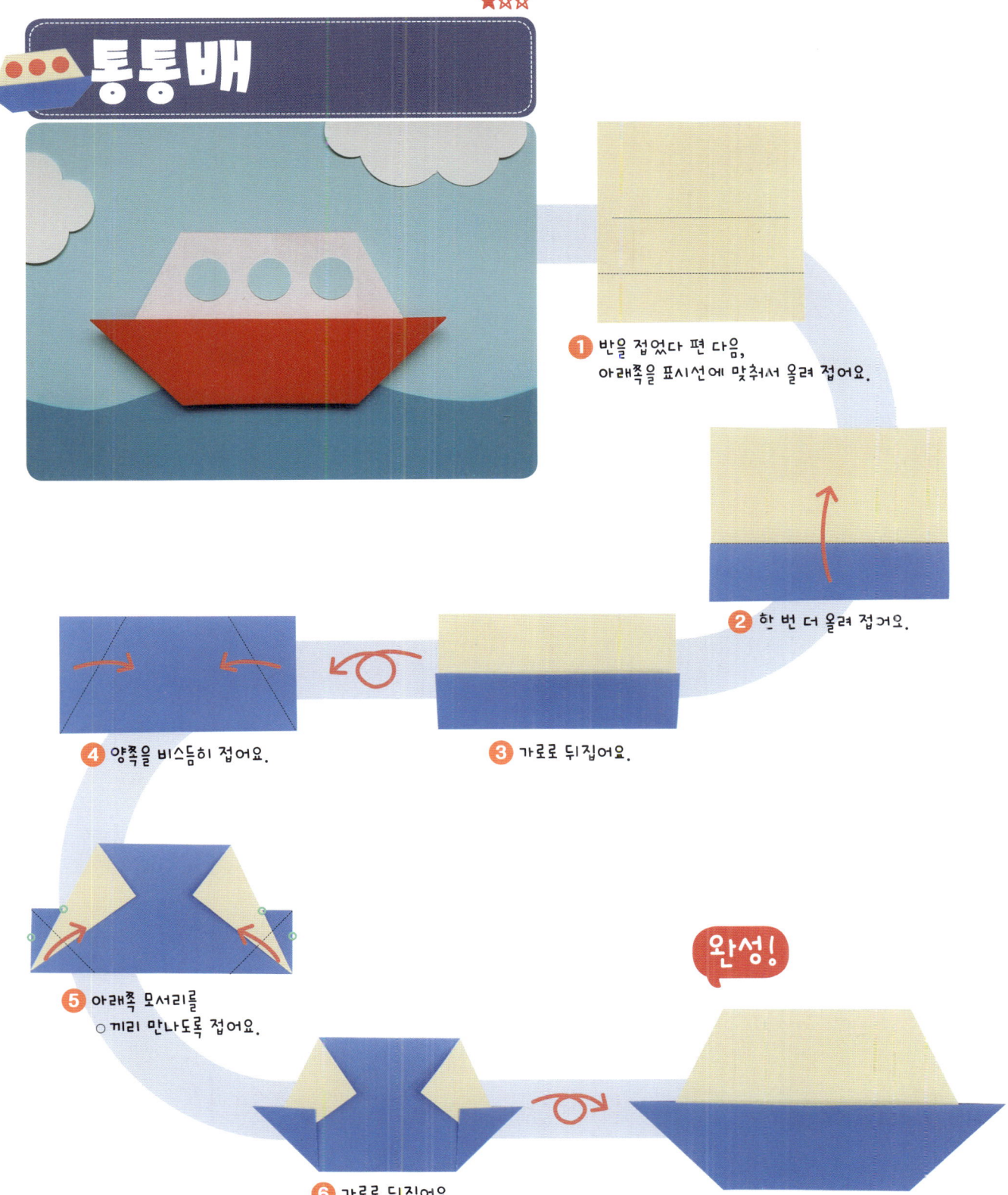

1. 반을 접었다 편 다음, 아래쪽을 표시선에 맞춰서 올려 접어요.
2. 한 번 더 올려 접어요.
3. 가로로 뒤집어요.
4. 양쪽을 비스듬히 접어요.
5. 아래쪽 모서리를 ㅇ끼리 만나도록 접어요.
6. 가로로 뒤집어요.

완성!

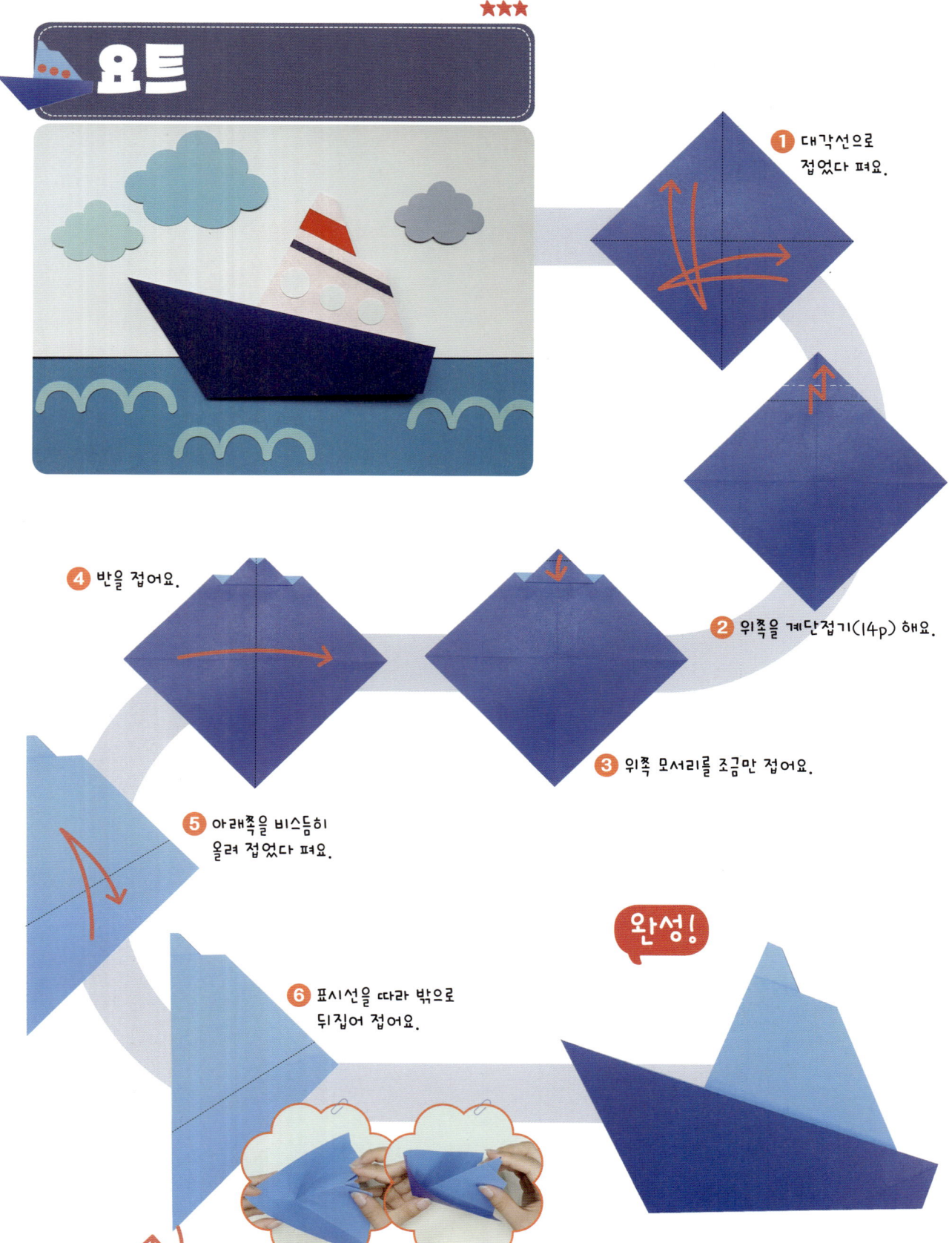

자동차

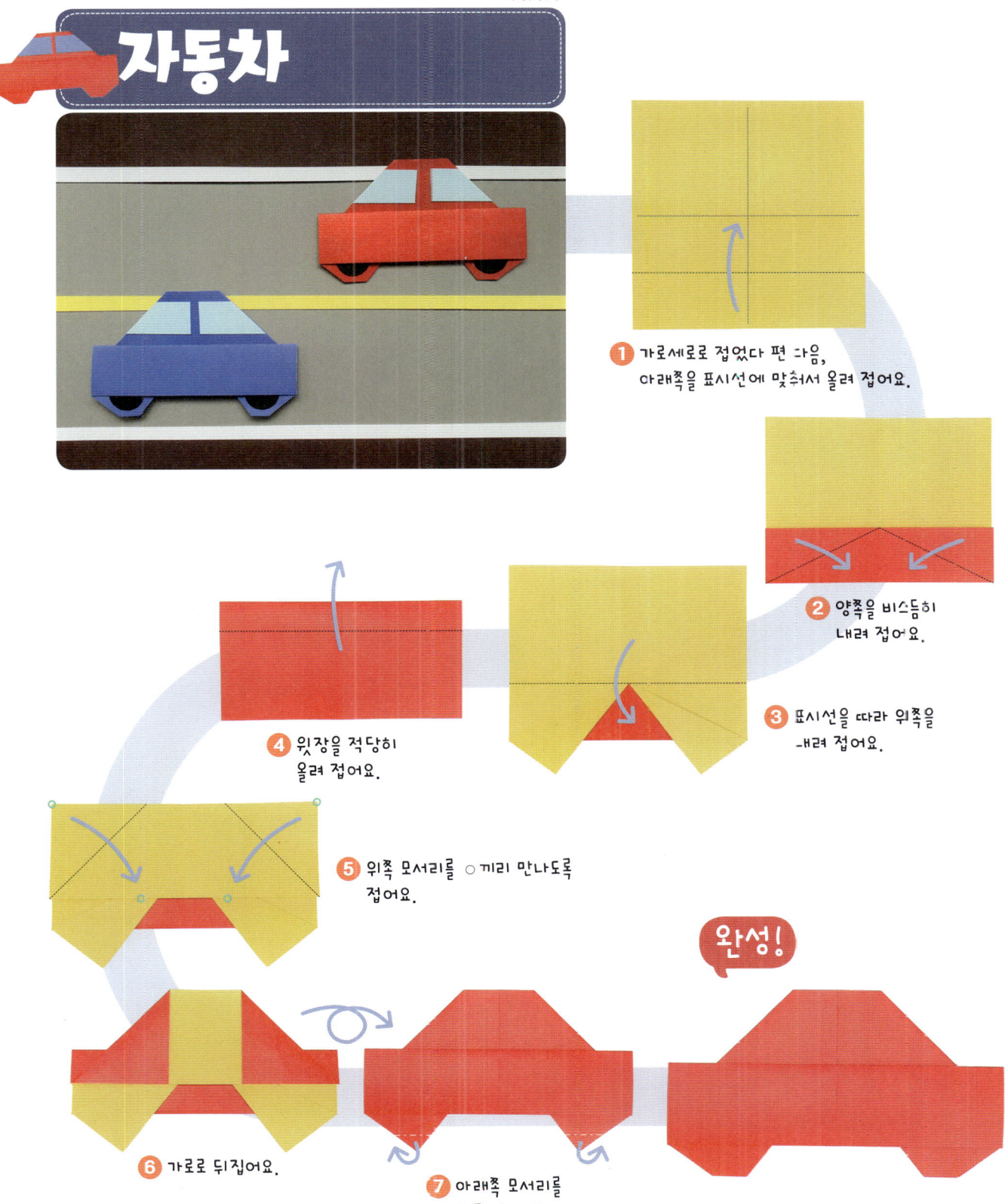

1. 가로세로로 접었다 편 다음, 아래쪽을 표시선에 맞춰서 올려 접어요.
2. 양쪽을 비스듬히 내려 접어요.
3. 표시선을 따라 윗쪽을 내려 접어요.
4. 윗장을 적당히 올려 접어요.
5. 위쪽 모서리를 ○끼리 만나도록 접어요.
6. 가로로 뒤집어요.
7. 아래쪽 모서리를 뒤로 넘겨 접어요.

완성!

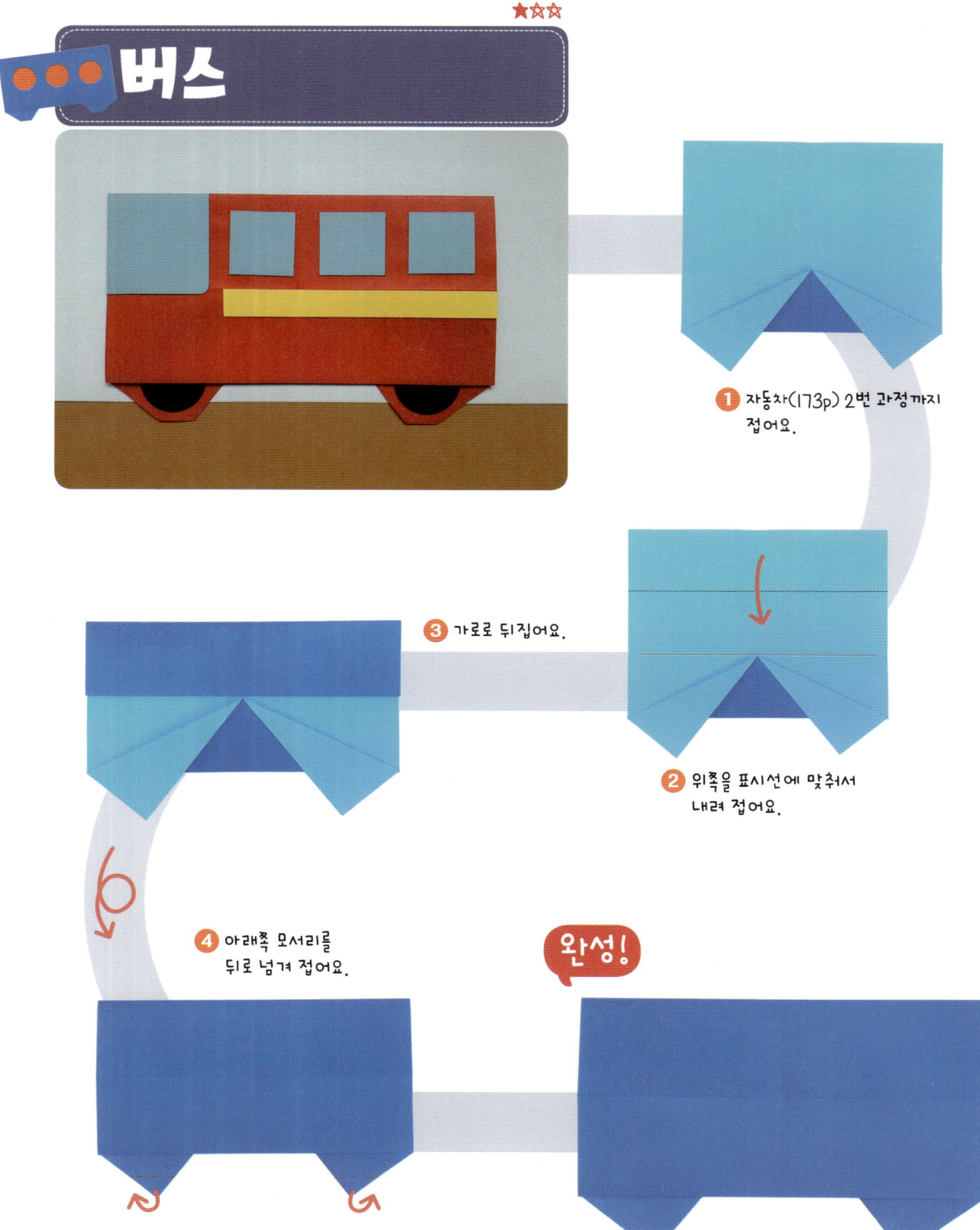

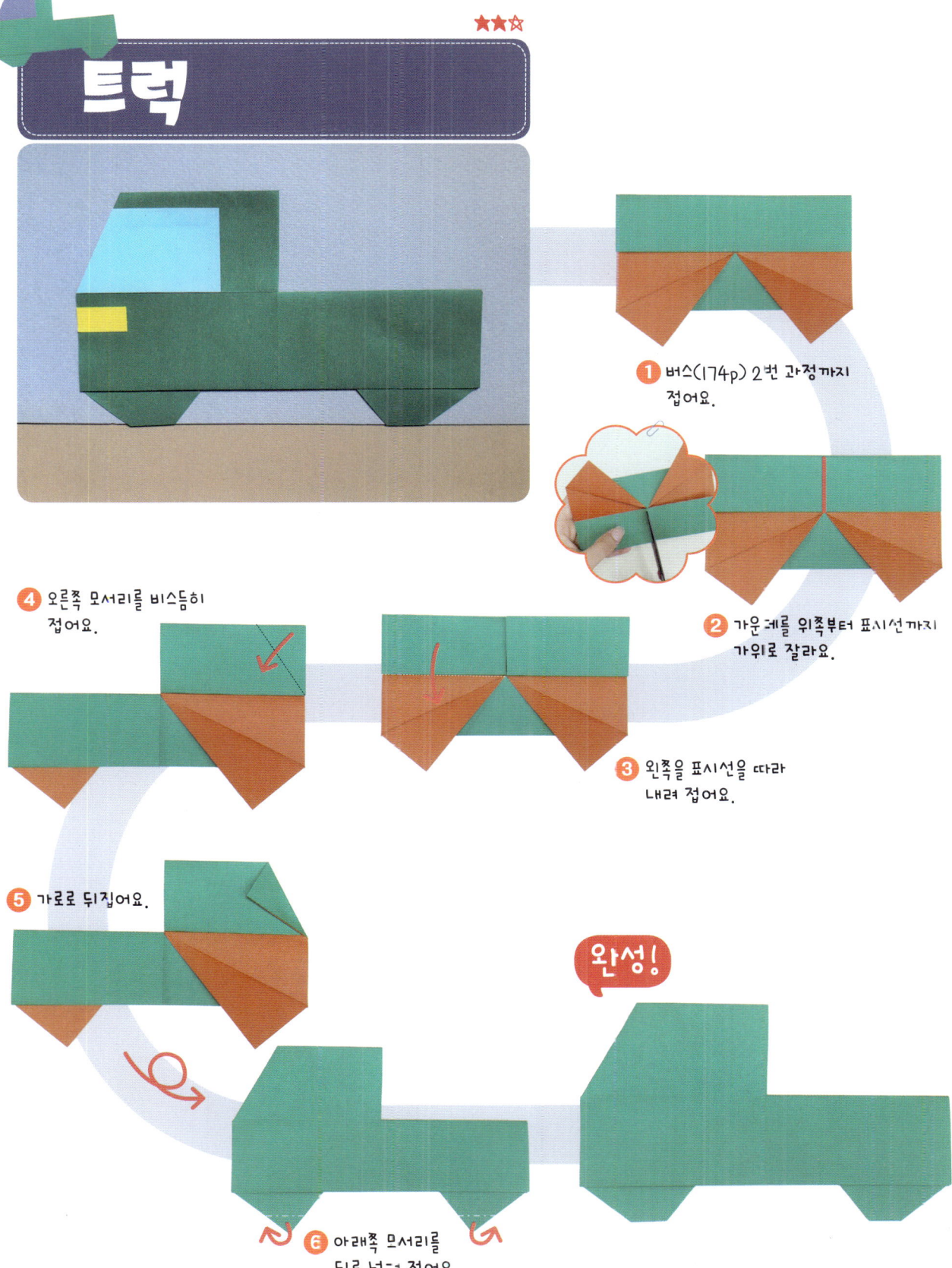

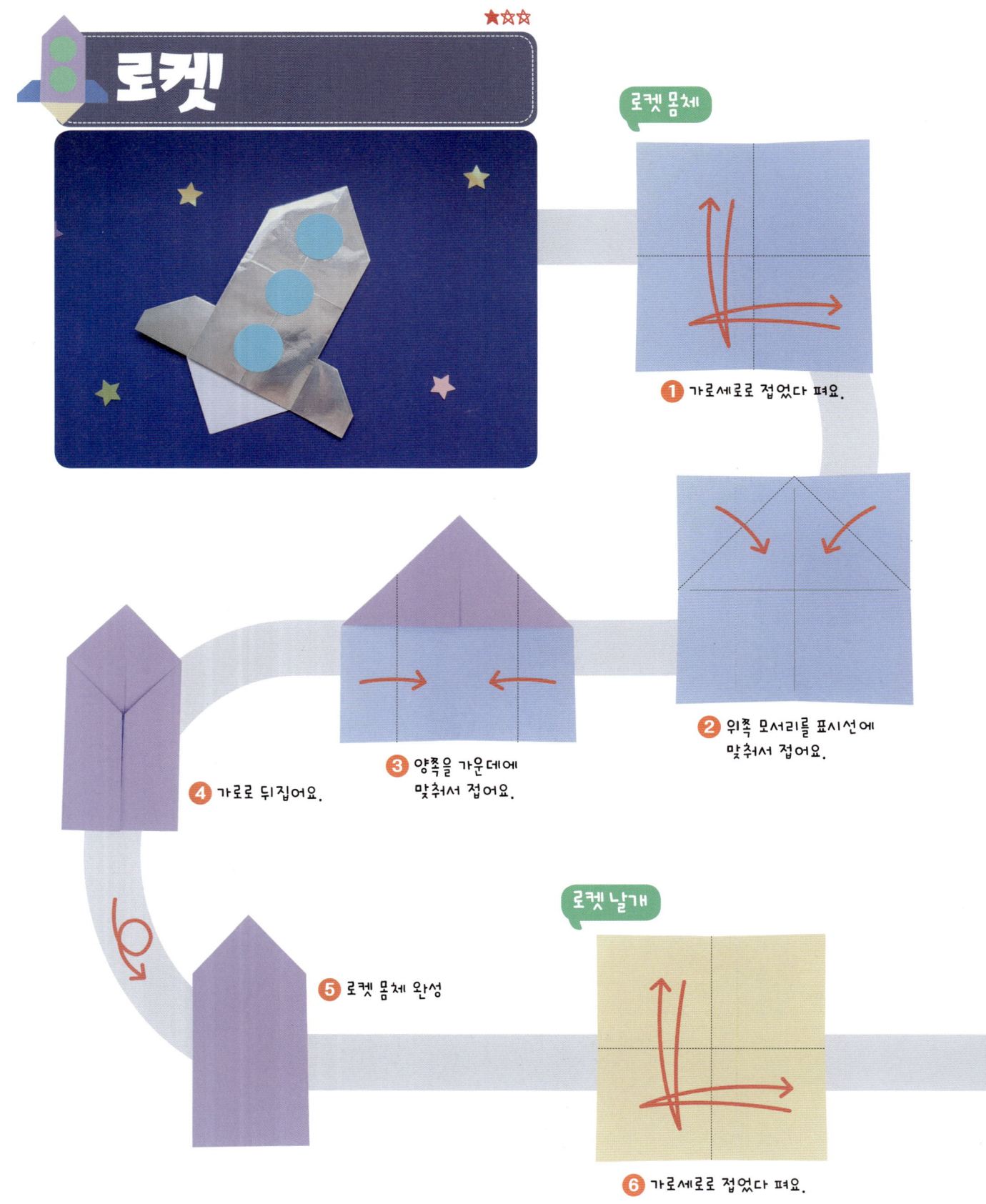

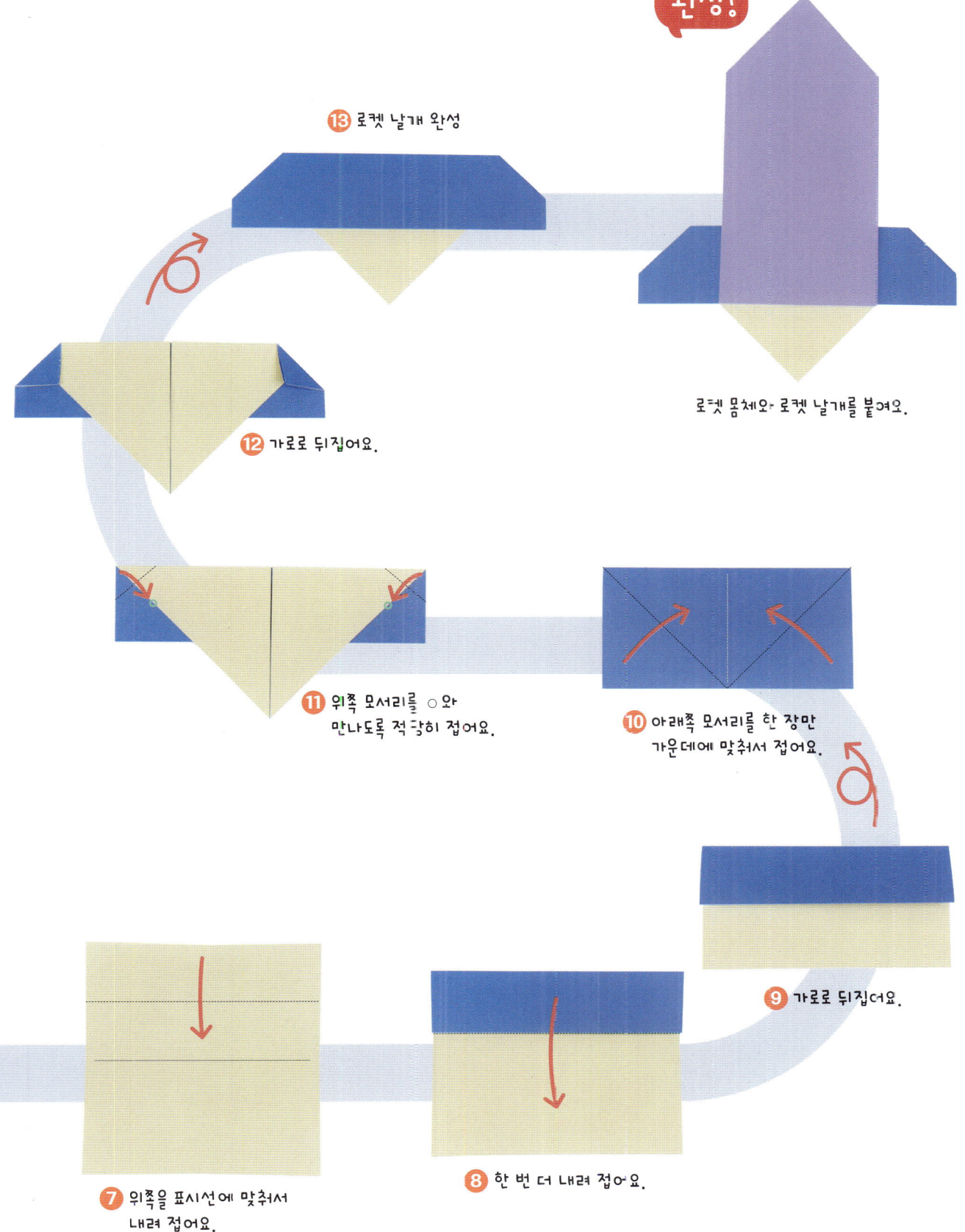

기차 ★★☆

① 트럭(175p) 2번 과정까지 접어요.

② 오른쪽 부분을 위쪽부터 표시선까지 가위로 잘라요.

③ 가운데 부분을 내려 접어요.

④ 오른쪽 네모를 반 내려 접은 다음, 가로로 뒤집어요.

⑤ 아래쪽 모서리를 뒤로 넘겨 접어요.

완성!

버스(174p)를 접은 다음, 기차 뒤에 줄줄이 이어 붙여요.

나룻배

★★☆

❶ 문 접기(13p) 한 다음, 네 모서리를 가운데에 맞춰서 접어요.

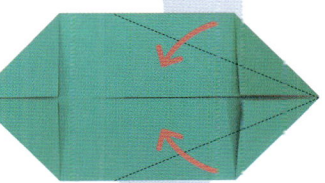

❷ 오른쪽 위아래를 가운데에 맞춰서 접어요.

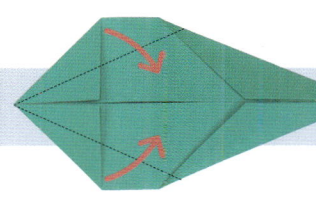

❸ 왼쪽 위아래를 가운데에 맞춰서 접어요.

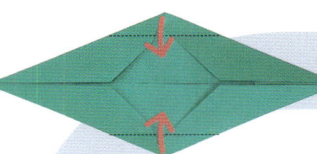

❹ 위아래 모서리를 적당히 접어요.

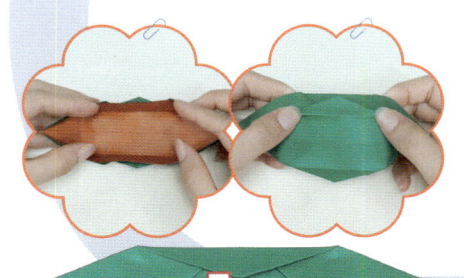

❺ 화살표 틈에 손가락을 넣어 벌리면서 밖으로 뒤집어 접어요.

완성!

10장

장난감

종이로 만드는 재미있는 장난감!
가족, 친구들과 함께 만들어
즐거운 시간을 보내요.

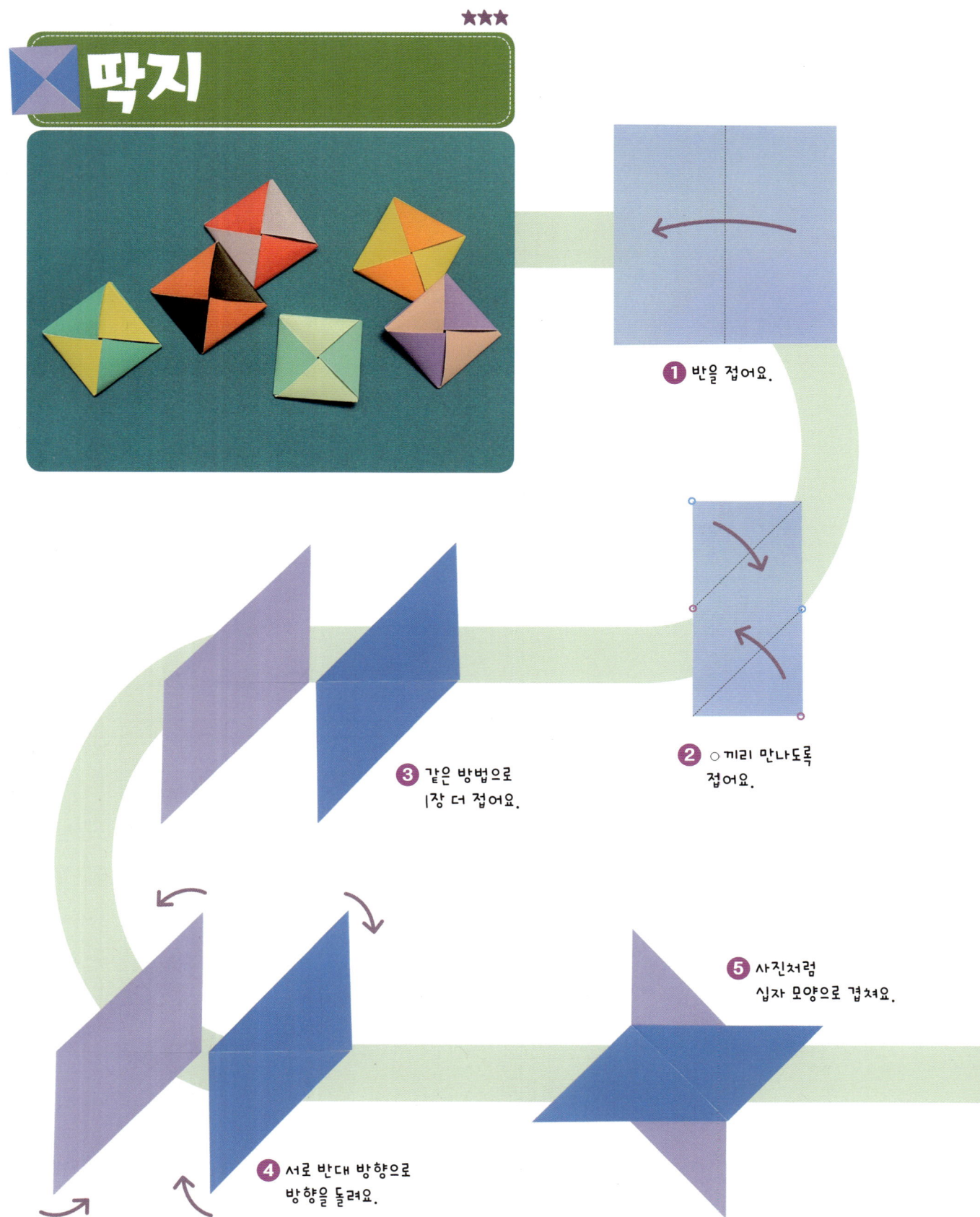

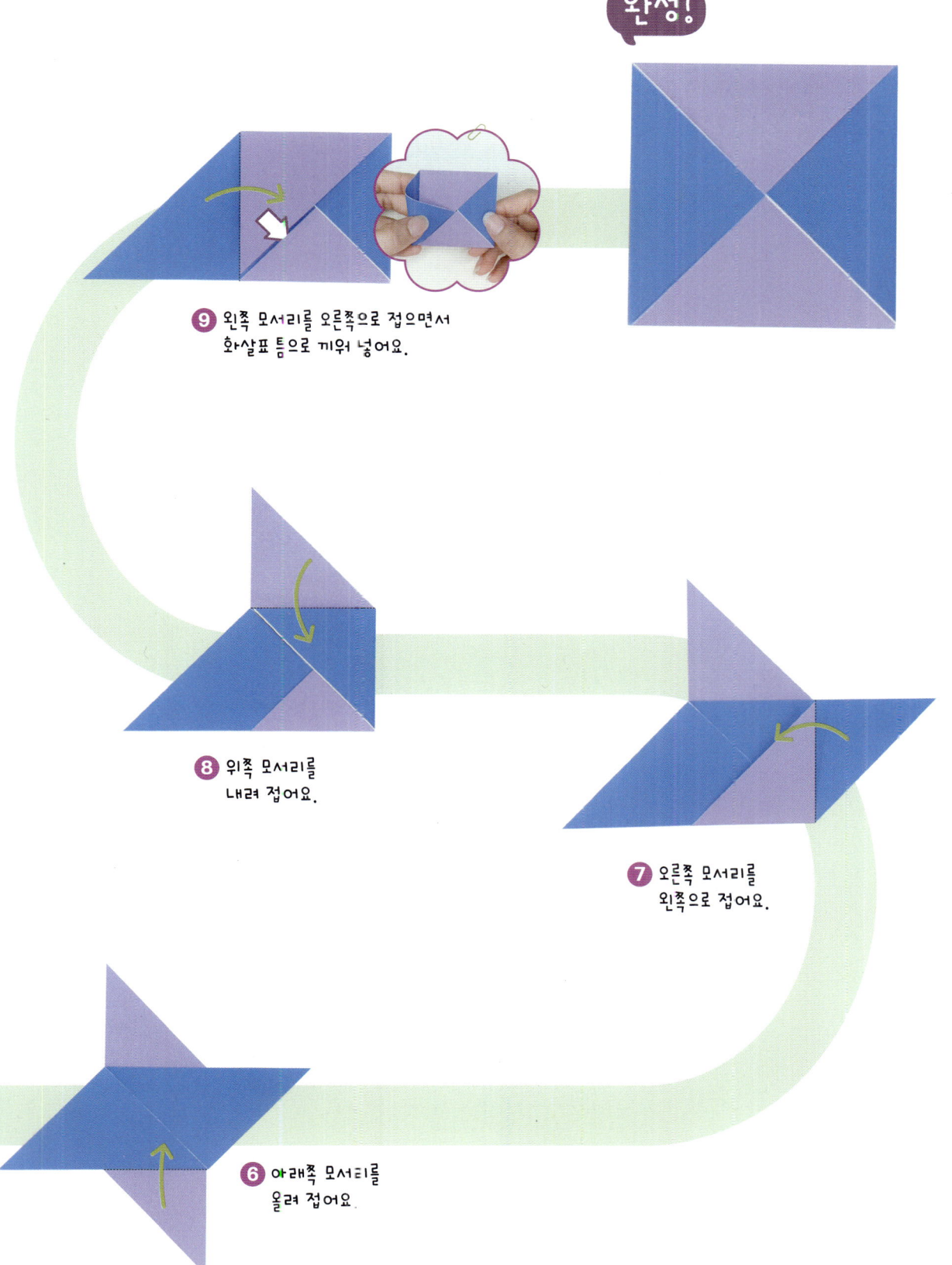

표창 ★★★

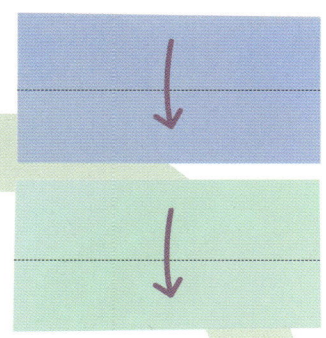

① 색종이를 1/2 크기로 잘라서 2장을 준비한 다음, 반을 내려 접어요.

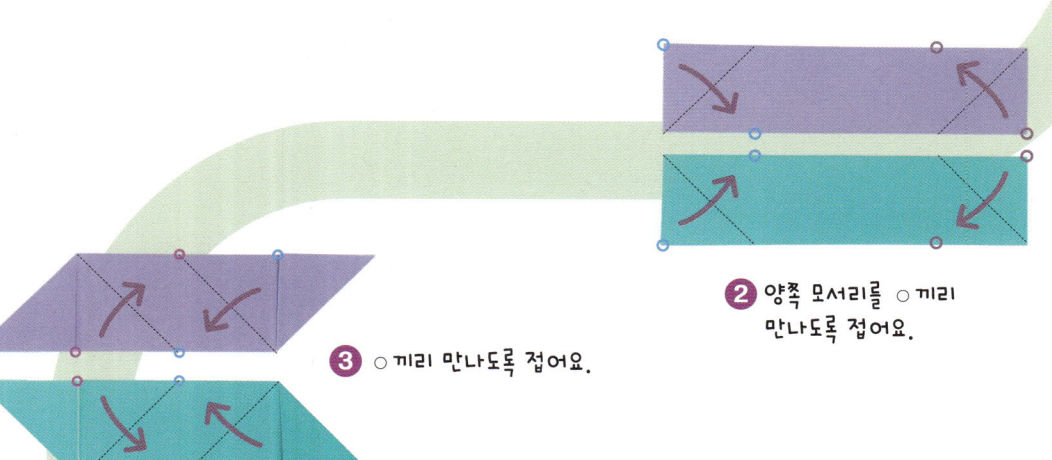

② 양쪽 모서리를 ○끼리 만나도록 접어요.

③ ○끼리 만나도록 접어요.

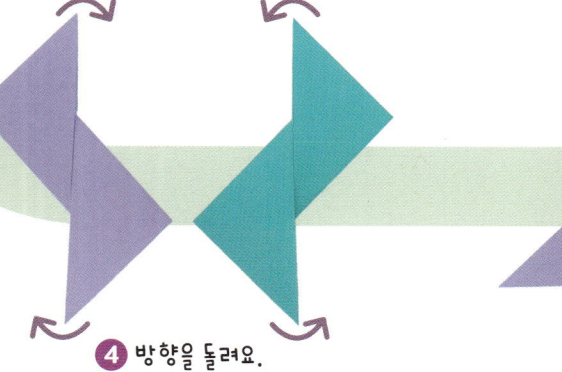

④ 방향을 돌려요.

⑤ 1장만 뒤집어요.

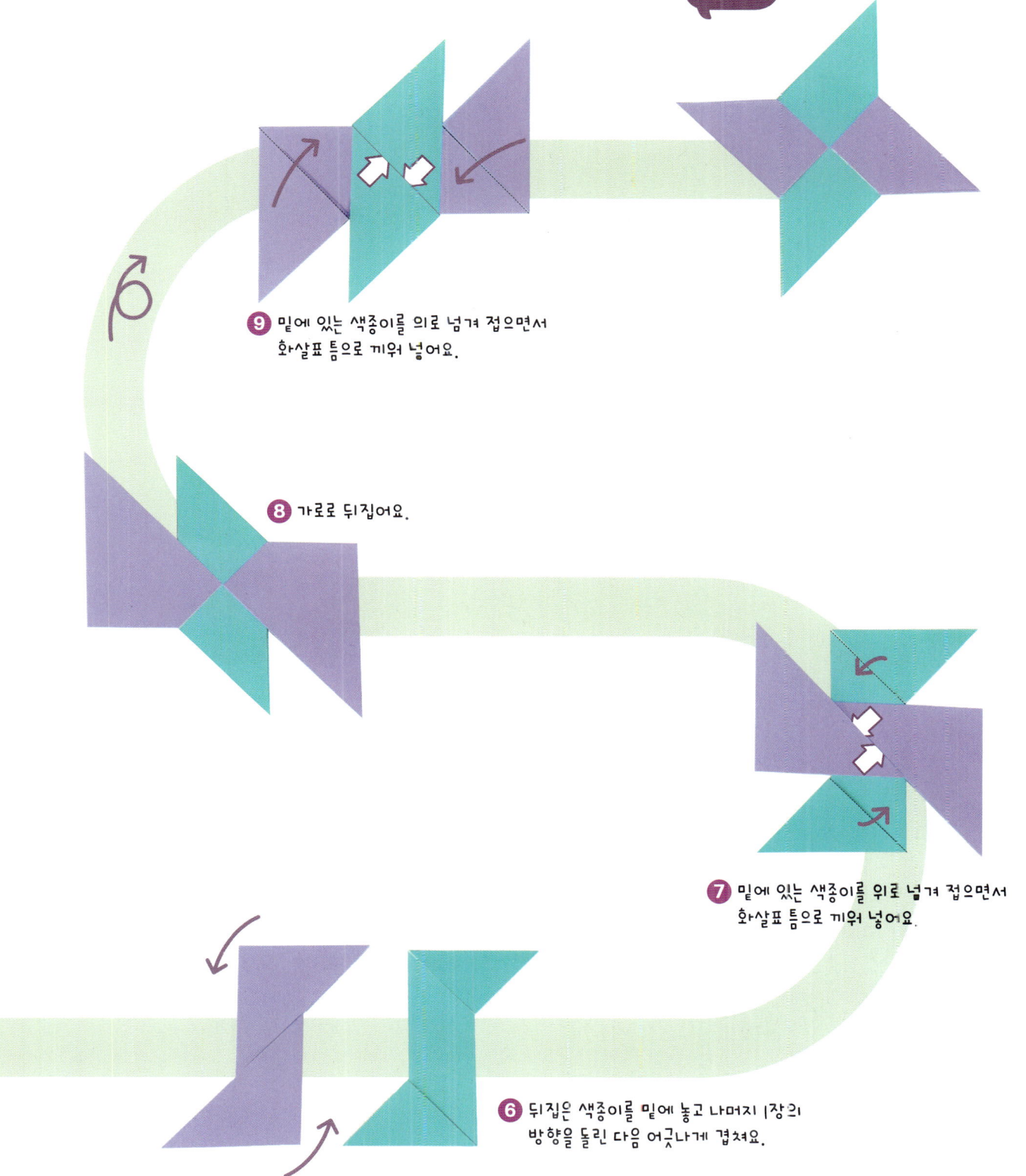

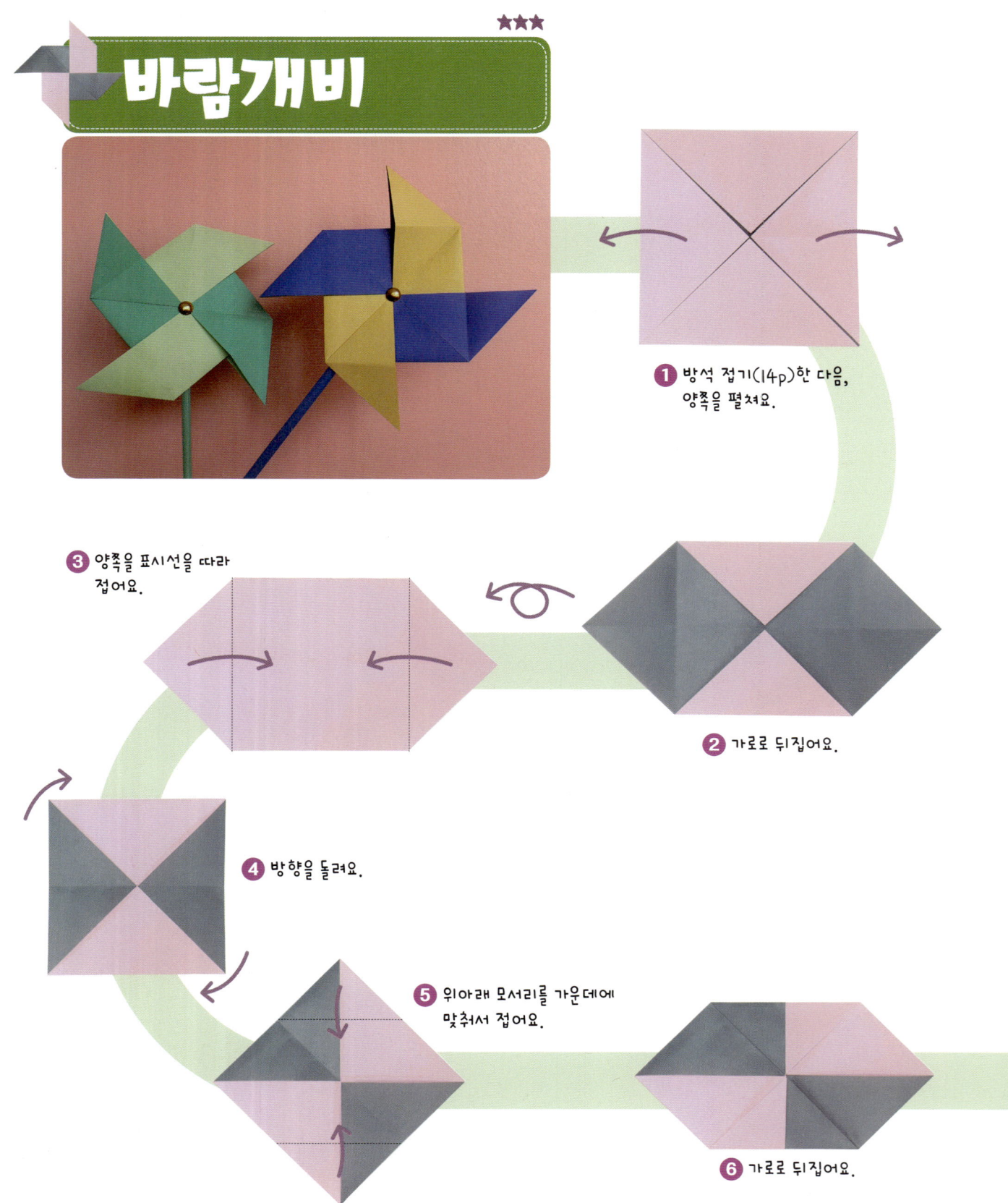

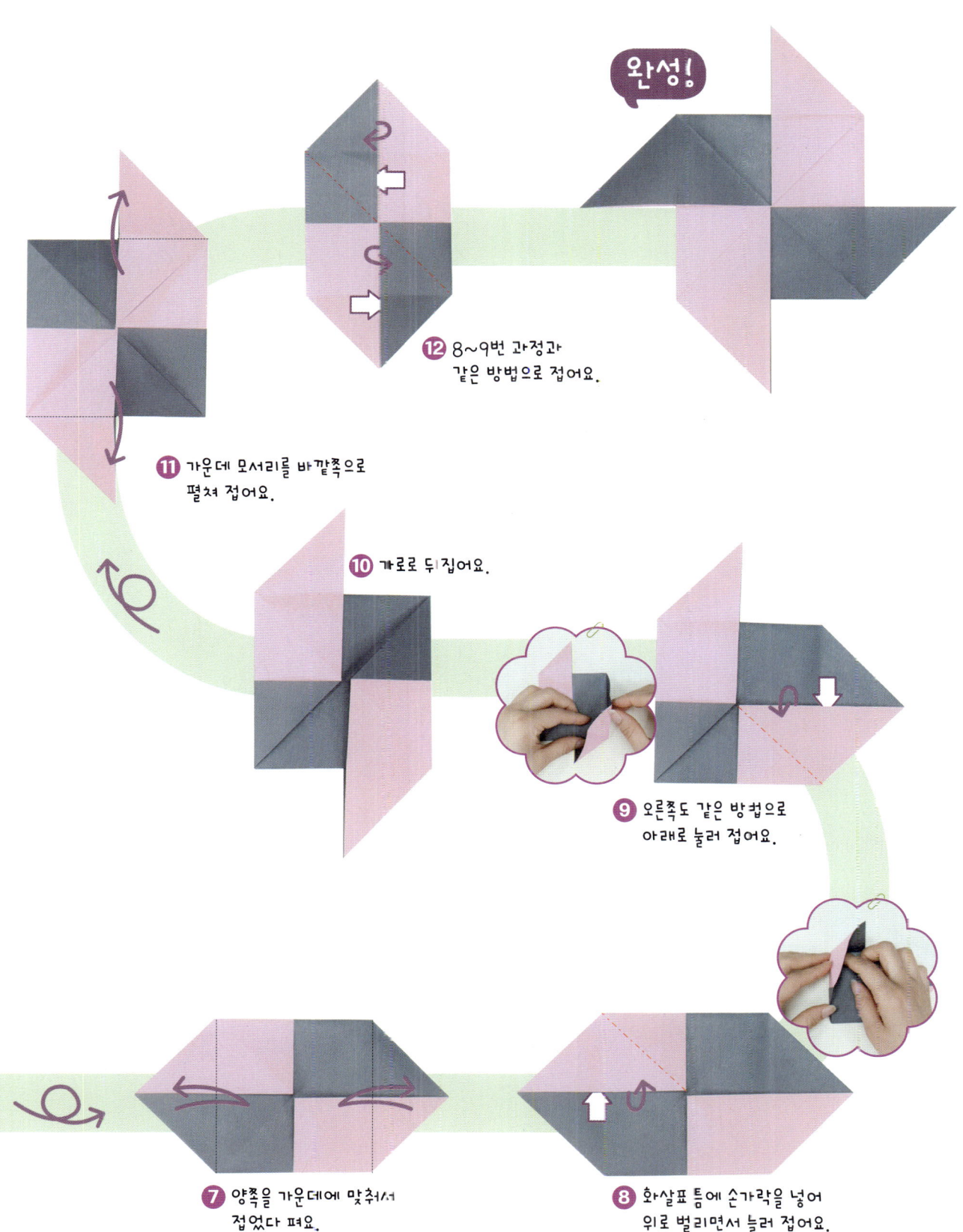

동서남북 ★★☆

❶ 방석 접기(14p) 한 다음 뒤집어요.

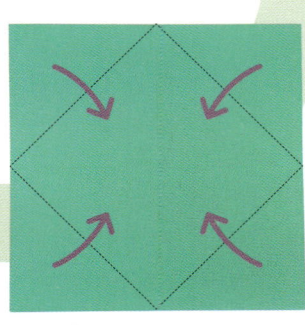

❷ 방석 접기 해요.

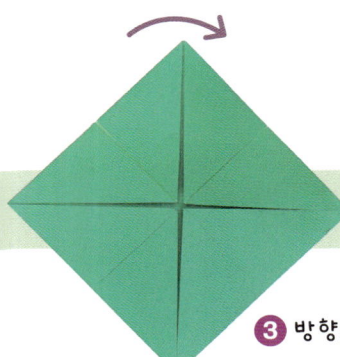

❸ 방향을 돌려요.

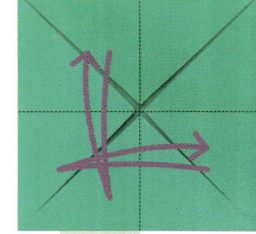

❹ 가로세로로 접었다 편 다음 뒤집어요.

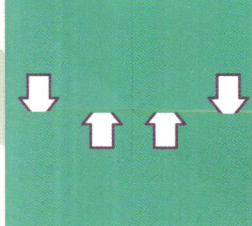

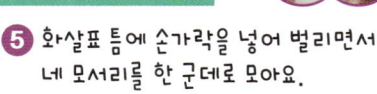

❺ 화살표 틈에 손가락을 넣어 벌리면서 네 모서리를 한 군데로 모아요.

완성!

블록 쌓기 ★★★

❶ 삼각 주머니(15p)를 접어요.

❷ 양쪽 모서리를 한 장만 표시선에 맞춰서 접어요 (뒷면도 똑같이 접어요).

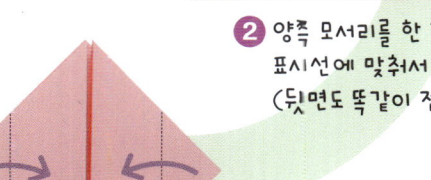

❸ 양쪽을 한 장만 가운데에 맞춰서 접어요 (뒷면도 똑같이 접어요).

❹ 위쪽을 한 장만 비스듬히 내려 접으면서 틈 사이에 끼워 넣어요(뒷면도 똑같이 접어요).

❺ 왼쪽 한 장을 오른쪽으로 넘겨 접어요 (뒷면도 똑같이 접어요).

❻ 아래쪽 구멍에 바람을 불어 넣어 입체적으로 만들어요.

❼ 모서리를 꼬집듯 접어 네모나게 만들어요.

완성!

블록을 여러 개 만들어서 쌓으면서 놀아요.

우주선 외계인

★★☆

❶ 사각 주머니(16p)를 접어요.

❷ 막힌 쪽 모서리를 지그재그 모양으로 잘라요.

❸ 자른 부분에 눈과 입을 그려 외계인을 만들어요.

❹ 사각 주머니 안쪽에 외계인을 끼워 넣어요.

❺ 안쪽의 색종이 끝부분을 양손으로 잡고 위아래로 어긋나게 움직여요.

더 빨리 움직일수록 외계인이 빠르게 탈출해요. 누가 더 빨리 탈출하는지 겨루어보세요.

비행기

★☆☆

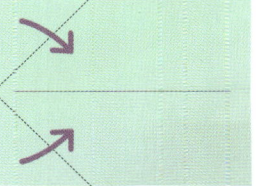

❶ 반을 접었다 편 다음, 아래쪽을 표시선에 맞추서 접었다 편 뒤 가위로 잘라요.

❷ 다시 반을 접었다 편 다음, 왼쪽 모서리를 표시선어 맞춰서 접어요.

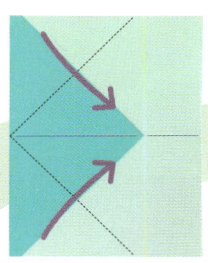

❹ 왼쪽 모서리를 가운데에 맞춰서 접어요.

❸ 왼쪽을 오른쪽으로 적당히 넘겨 접어요.

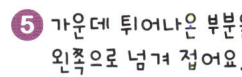

❺ 가운데 튀어나온 부분을 왼쪽으로 넘겨 접어요.

❻ 반을 뒤로 넘겨 접어요.

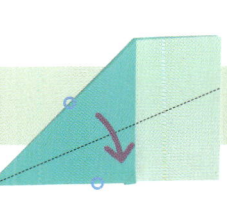

❼ ○끼리 만나도록 한 장만 비스듬히 내려 접어요 (뒷면도 똑같이 접어요).

완성!

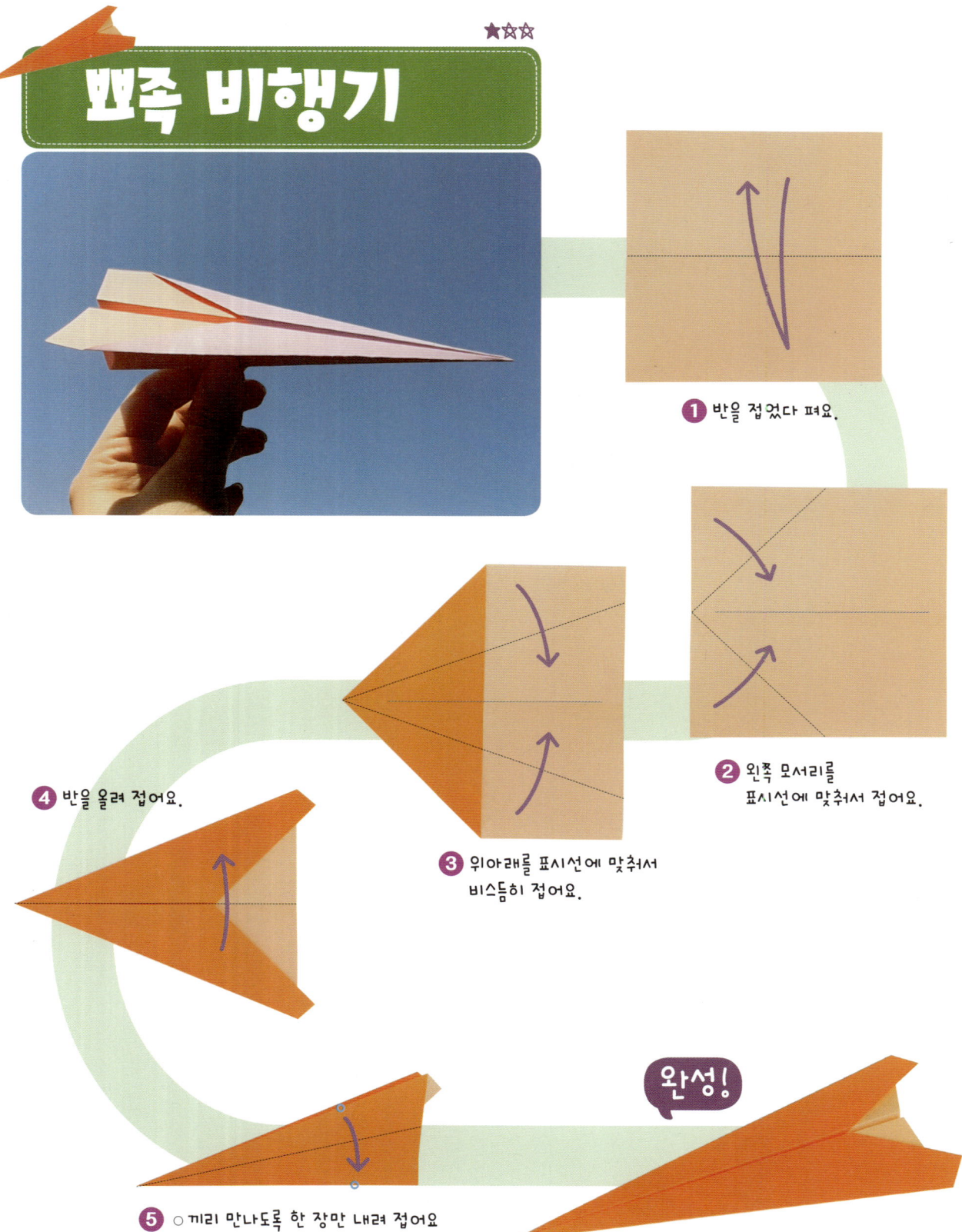

사계절북 ★★☆

1. 서로 다른 색의 색종이 4장을 각각 세모로 접어요.

2. 4장 모두 반을 접었다 펴요.

3. 첫째 장의 오른쪽에 풀칠해서 둘째 장을 직각이 되도록 붙여요.

4. 둘째 장의 아래쪽에 풀칠해서 셋째 장을 붙여요.

5. 셋째 장의 왼쪽에 풀칠해서 넷째 장을 붙여요.

6. 넷째 장의 위쪽에 풀칠해서 첫째 장 아래로 넣어 붙여요.

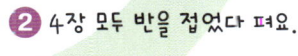

완성!

네 모서리를 펼쳐서 각 면을 예쁘게 꾸며보세요.

개구리 점프

★★☆

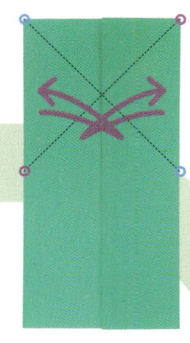

❶ 문 접기(13p) 한 다음,
○끼리 만나도록 접었다 펴요.

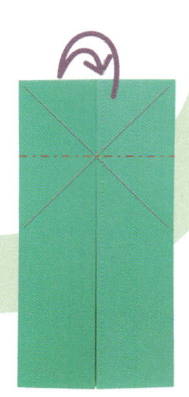

❷ 표시선의 중심을 기준으로
뒤로 넘겨 접었다 펴요.

❸ 표시선을 따라
삼각 주머니(15p)를 접어요.

❹ 아래쪽을 ○와 만나도록
올려 접어요.

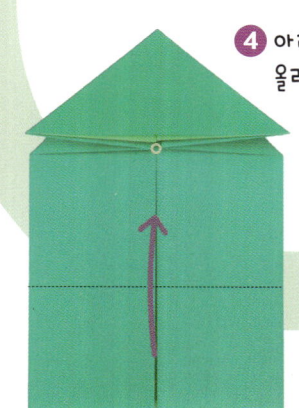

❺ 뒷장의 양쪽을 가운데에
맞춰서 접어요.

완성!

❾ 가로로 뒤집어요.

개구리 아래쪽을 손가락으로 누르면서 손가락을 밑으로 쓸어내리면 개구리가 점프해요!

❽ ○끼리 만나도록 내려 접어요.

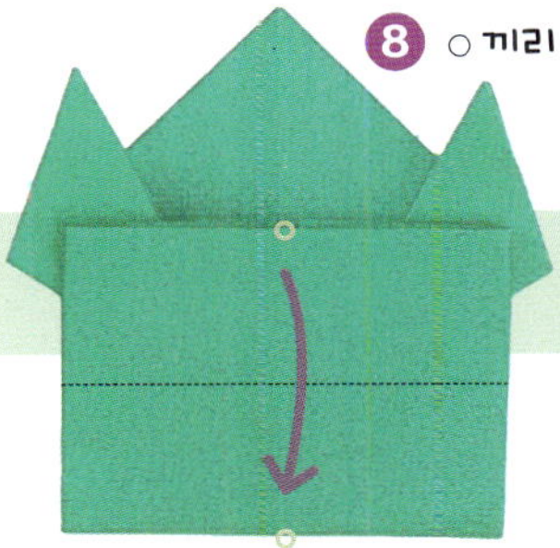

❻ 윗부분의 양쪽 모서리를 비스듬히 올려 접어요.

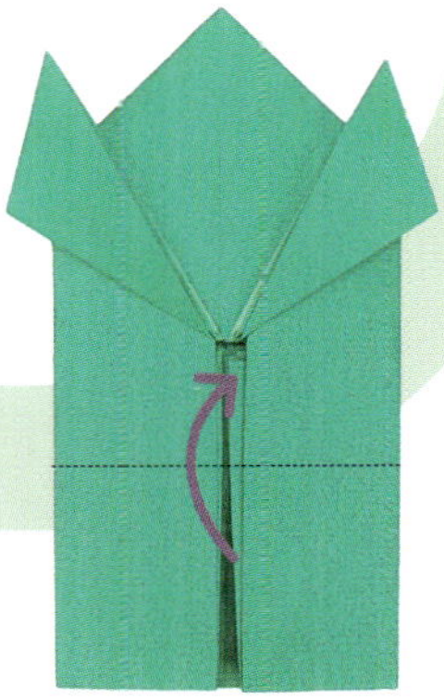

❼ 아래쪽을 적당히 올려 접어요.

카메라 ★★★

1 방석 접기(14p)부터 시작해요.

2 가로로 뒤집어요.

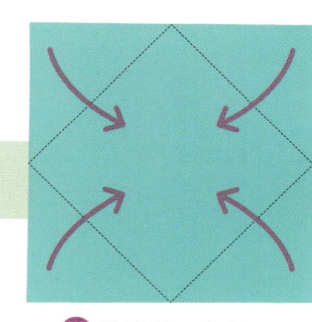

3 방석 접기 해요.

4 가로로 뒤집어요.

5 방석 접기 해요.

6 가로로 뒤집고 방향을 돌려요.

완성!

⑫ 교차된 끝부분을 서로 반대 방향으로
넘겨 접어서 고정시켜요.

양쪽을 잡고 엄지로 가운데를 밀면
찰칵! 소리가 나요.

⑪ 뾰족한 양끝 모서리를 잡고
살짝 교차되도록 가운데로 오므려요.

⑩ ○ 부분을 양손 엄지와 검지로
가운데로 모아 접어요.

⑨ 가로로 뒤집어요.

⑦ 화살표 틈에 손가락을 넣어
벌리면서 눌러 접어요.

⑧ ○부분을 잡고 바깥쪽으로
살살 잡아당겨서 펼쳐요.

집중력과 창의력이 쑥쑥 자라는 놀이 교육
아이와 함께 사각사각 종이접기

초판 4쇄 발행	2025년 04월 23일
초 판 발 행	2021년 1월 20일
발 행 인	박영일
책 임 편 집	이해욱
저 자	심은정
편 집 진 행	박유진
표 지 디 자 인	하연주
편 집 디 자 인	신해니
발 행 처	시대인
공 급 처	(주)시대고시기획
출 판 등 록	제 10-1521호
주 소	서울시 마포구 큰우물로 75 [도화동 538 성지 B/D] 9F
전 화	1600-3600
홈 페 이 지	www.sdedu.co.kr

I S B N	979-11-383-0682-9(13630)
정 가	14,000원

※이 책은 저작권법에 의해 보호를 받는 저작물이므로, 동영상 제작 및 무단전재와 복제, 상업적 이용을 금합니다.
※이 책의 전부 또는 일부 내용을 이용하려면 반드시 저작권자와 (주)시대고시기획·시대인의 동의를 받아야 합니다.
※잘못된 책은 구입하신 서점에서 바꾸어 드립니다.

시대인은 종합교육그룹 (주)시대고시기획·시대교육의 단행본 브랜드입니다.